The Death of Truth

Notes on Falsehood in the Age of Trump

Michiko Kakutani

大說謊家時代

角谷美智子

洪慧芳 譯

從漠視真假到真相凋零，《紐約時報》傳奇書評人角谷美智子犀利解讀「川普式」政治話術

〈真理已死〉（Truth has died）（哥雅〔Francisco Goya〕，一八一四年）

導讀

作為臺灣讀者，我們該如何讀這本書？

蔡依橙（「蔡依橙的閱讀筆記」板主）

這幾年，從歐美引進，關於批判假新聞、資訊戰、煽動性言論的翻譯書籍不少，但喜歡讀書的朋友常有個疑惑：「到底我們該怎麼看待這些書？」

像本書是以川普的離譜言論為核心，說明假新聞、偏頗觀點、煽動言論對公民社會的撕裂，甚至對法治的傷害。但另一方面，熟知國際關係的朋友也知道，即使川普真的有點離譜，但他上台之後，除了對臺灣表達支持之外，與中國的貿易戰，也連帶讓臺灣的經濟（成長勝過中國、香港、南韓、日本等地）、軍事（空優戰機、主戰坦克、軍售常規化），甚至情報體系（破獲中國介選地下賭盤、提前曝光蔡正元威脅王立強事件等）受惠甚多。

正是這樣的兩面性，讓我們在閱讀時，不知道該繼續堅持理性，反對川普與他代表的「後真相時代」，還是要故作世故地認為：這就是《紐約時報》自由派記者，川普選上都三年了，還在崩潰？你們什麼時候要醒啊？

以下，綜合許多曾被書友們問到的問題，配合本書內容，做個整理。

問：我到底該喜歡川普或討厭川普？

人的自我認同，是有先後順序和親疏遠近的。也就是說，我們同時是臺灣人、理性人、世界公民，但現實點說，作為一個臺灣人的比重還是比較高的，因為臺灣的國家安全與自己息息相關，你總要先活著、活得有尊嚴，才能繼續去兼顧自己是理性人以及世界公民的角色。

如果以臺灣人的角度來說，川普上任後，臺灣對美出口增加、減少對（對我們有敵意的）中國的貿易依賴，對中關稅與安全考量，促使高階供應鍊移回臺灣，推動臺灣經濟成長，加上在軍事與情報上，明顯強化了臺灣的安全，喜歡川普，這當然是沒有問題的。

當然，對美國人來說，一個總統不時冒出歧視與爭議言論，如果我是美國知識階層公民，也會很難接受。但討厭川普的美國人，是有本錢的，他們國家安全的主要威脅來自俄國、中國、伊朗，距離美國都至少隔了太平洋與大西洋，伊朗甚至沒有足以威脅美國本土的飛彈，這麼得天獨厚的地緣政治，讓美國人有餘裕，能去討厭川普。

但這種餘裕，臺灣人沒有，因為過個一百三十公里的黑水溝，就是對我們持續文攻武嚇，成天說要併吞，「留島不留人」的中國。我們也沒有餘裕能去喜歡或討厭特定的美國政治人物或政黨，各個美國總統候選人、行政體系、國會體系、民間組織聯繫，都必須持續進行，這就是身為「臺灣人」的生存立場。

如果你還是不喜歡川普的為人與行事風格，把他的發言當娛樂新聞看就好，相對地，這卻是美國人所不見得能擁有的餘裕。

問：為什麼會有假新聞？為什麼有些政治人物與支持者，寧願相信跟事實背離的平行時空？

這是個好問題，根本原因是，世界上，除了主觀的看法、客觀的事實之外，還有個介於主客觀之間的 intersubjectivity，中文稱為「互為主體性」。而且，這個「互為主體性」，對人類社會的發展一直都很重要。

什麼叫「互為主體性」呢？就是一個本來沒有的事情，我相信、你相信、他也相信，這件事情，在我們幾個人的小世界中就存在，而且可能發展出強大的力量。

最明顯的例子之一，就是美金。嚴格來說，美鈔就是張紙，沒什麼價值，但因為美國藉由二戰後的布雷頓森林會議，以及之後的石油美元策略，成功地讓美金成為全世界都信賴的貨幣。因為你相信、我相信、全世界都相信其價值，所以不只去美國旅行時可以用，連全世界的毒梟、游擊隊、黑社會，或臺灣知名政治人物收賄款，也都指定收美鈔。

比較小的例子，就是玩大富翁時裡頭的紙鈔。這些紙鈔的價值，只有玩大富翁的四個人認可，能在裡頭交易，但拿著大富翁的紙鈔要去便利商店買飲料、繳水電費、繳小孩學費，是不會有人理我的。因為離開了這個遊戲，就沒有人相信大富翁紙鈔的價值。

假新聞與封閉社群相信的平行時空，就介於美金與大富翁紙鈔之間，當你有了電視臺、報紙、ＬＩＮＥ封閉群組，就能讓數百萬人活在平行時空之中，相信你所發行的虛幻夢想。

這個問題的根源，是人類的感官與思考能力有限，所不得不做出的妥協，我們畢竟必須依賴其他人、其他社群取得資訊，只要能有效填補這些感官與思考的需求，就能控制一個人的心智，成功洗腦，使之狂熱。

這也是為什麼，極權國家一定要控制媒體、控制網路、控制言論內容。因為，腦是可以洗的。

問：所以怎麼辨呢？假新聞如何根除？如何破解人造平行時空？

假新聞跟這類的人造平行時空，可以處理，但絕對無法根除，因為它本質上跟人類史上許多沒那麼壞的東西有點類似。

例如：當美國總統甘迺迪在科技尚未成熟的時候說：「我們要在十年內登陸月球！」當時認真分析過的人，都認為這簡直信口開河，但因為相信的民眾多，支持預算投入，相信的科學家也多，全力衝刺，最後，美國人只花了七年，就登上月球。（可惜甘迺迪已經遇刺身亡很久，無緣得見。）

又例如：許多宗教以因果輪迴或最終審判來勸人行善，雖然目前沒有任何因果輪迴或最終審判的客觀事實證據，但大家都相信，也因此匯聚了很多資源，協助了許多世界上的弱勢族群。

以新聞專業來說，理論上應該擁抱客觀事實，但現在媒體經營困難，沒有錢就很難維持風骨，許多媒體就這樣沉淪了。甚至，因為假新聞能靠著流量或統戰預算賺錢，更有許多網路媒體，專門製造假新聞來營利，成本結構比傳統媒體更為健全！

臺灣已經逐漸在應對，包括以反滲透法抵制境外金流，跟平台商如Facebook與ＬＩＮＥ溝通，協助他們建立查核功能，以防成為不實消息的溫床，拖累品牌形象。

我們自己能做的，就是善用網路，對於可疑資訊要交叉核實，學習媒體識讀，永遠思考資料從何而來，媒體立場為何，從被動閱聽者，升級為主動吸收者。

問：本書哪部分最精采？

整本書對於近年的媒體與政治現象歸納，做得都不錯，其中尤以第二與第三章，對後現代主義與今日世界的對照，以及對這種虛無論述的批判，很有力道。作者認為，這些後現代主義的論述，對於解釋今日世界並合理化一切破壞，成績卓著，但對於提出更好的架構，或讓世界變得更好，卻毫無貢獻。

另外，第八章將今日的假新聞與政治人物的仇恨言論，連結到列寧與希特勒，很有歷史縱深且有說服力。這種段落，往往讓我有「歷史其實會重演，只是演員跟舞臺不同」的感觸。了解我們與歷史的相似性，就有機會讓我們這些當下演員，一起活出不同的結局。

問：在「後真相時代」的我，該怎麼辦？我曾經相信知識累積、思考、反省、改進，是很有力量的，但在這樣的時代，我這樣的價值觀，還正確嗎？

我依然相信，這個世界還是要靠理性去進步，了解事實、建構認知、實踐修正；而不是煽動不以事實為基礎的群眾情緒，單純地衝擊並破壞。

至於，在這樣的「後真相時代」，知識族群該怎麼辦？我認為本書作者角谷美智子做了很好的示範。事實上，角谷美智子本人是《紐約時報》知名的書評家，相當仔細嚴格，想也知道，自己出書，一定會被很多人反過來以「角谷美智子」視角，好好修理一番。但即使如此，她還是決定寫出這本書，面對全世界的嚴格檢視，內容有憑有據且有條理。

了解事實，建構認知，接下來，才能實踐修正。

問：想讓世界更好，我還能做什麼？

本書在讓我們了解事實跟建構認知方面做得非常好，但如何行動，則說得比較少。但我認為，「後真相時代」沒有快速解，長久解方則是依然要有一群相信理性能改變世界的人，持續觀察、思考、解決。

「互為主體性」強大的地方在於，只要你相信、我相信、有一群人也相信這是對的，持續耕耘，並影響更多的人，我們相信的事情，就可能成為主流，並成功地讓世界變得更好。

角谷美智子，就是相信理性一定能改變世界的人，所以她行動，寫了這本書，希望影響更多的人。

目錄

謹獻給在各地努力報導新聞的新聞工作者

序言

人類歷史上兩個最駭人聽聞的政權出現在二十世紀，兩者都是靠違背及破壞真相得勢的。他們知道，憤世嫉俗、厭倦、恐懼容易讓人相信那些一心想追求絕對權力的領導者所撒下的瞞天大謊及虛假承諾。漢娜・鄂蘭（Hannah Arendt）在一九五一年出版的《極權主義的起源》（*The Origins of Totalitarianism*）中寫道：「極權統治的理想對象，不是那些深信不疑的納粹分子或共產主義者，而是那些再也無法區別事實與虛構（亦即經驗的真實性），也無法區分真假（亦即思想的標準）的人。[1]」

令當代讀者震驚的是，鄂蘭的文字讀起來愈來愈不像上個世紀寫的，反而更貼近當今的政治與文化局勢，令人不寒而慄——如今俄羅斯的網軍在網路上大量製造假新聞和謊言，現任的美國總統也不斷透過談話及推特帳戶發布假資訊。之後，那些資訊再以閃電般的速度，透過社群媒體傳播到世界各地。人們困在同溫層及過濾氣泡中，逐漸失去共同的現實感，以及跨越社會與派系界線以進行溝通的能力。於是，民族主義、部落主義、混亂脫序、害怕社會變革、對外來者的仇恨再次抬頭。

我無意把現今的狀況直接類比成二戰時代的極端恐怖，而是想觀察一些情況和態度——瑪格麗特．愛特伍（Margaret Atwood）把這些情況和態度比喻成歐威爾《一九八四》和《動物農莊》中的「危險訊號」[2]。這些情況和態度使人容易受到煽動，在政治上遭到操弄，使國家輕易淪為有心獨裁者的囊中物。我想要檢視的是，人們對真相的忽視、以情感取代理性，以及語言的崩壞如何削弱真相的價值，還有這一切對美國及全世界意味著什麼。

「史學家知道，我們日常生活中的整個事實結構有多脆弱。[3]」鄂蘭在一九七一年的論文〈政治中的謊言〉中寫道：「它隨時都有可能遭到單一謊言擊破，或是被群體、國家或階級的系統化謊言撕裂，或是遭到大量虛假訊息的否認與扭曲，小心翼翼地隱匿起來，或是乾脆忘得一乾二淨。事實需要證據才能讓人牢記在心，需要可信的證人才會確立，從而在人類的事務中找到安全的落腳點。」

美國智庫蘭德公司（Rand Corporation）以「真相的凋零」（truth decay）一詞來形容「事實和分析在美國大眾生活中的作用逐漸減弱[4]」。如今這個詞也進入後真相時代的詞庫，該詞庫也包含了如今眾所熟知的「假新聞」（fake news）和「另類事實」（alternative facts）等字眼。而且，不止假新聞而已，還有偽科學（由否認氣候變遷及反對疫苗接種的人製造）、偽歷史（由大屠殺的歷史修正派和白人至上主義者四處宣傳）、臉書上的假美國人（由俄羅斯的網軍偽造），以及社群媒體上的假粉絲和假「讚」（機器人生成）。

美國第四十五任總統川普撒的謊言又多又快。根據《華盛頓郵報》的計算，他上任的第一年，發表的虛假或誤導言論高達二千一百四十次[5]，平均每天近五點九次。他的謊言涵蓋範圍很廣，從俄羅斯介入美國總統大選的相關調查，到他的人氣與成就，再到他看電視的時間都包含在內，而且那些謊言只是他大肆攻擊民主制度和規範的許多警訊中最明顯的部分。他常攻擊的對象還包括媒體、司法系統、情報機構、選舉制度，以及讓政府正常運轉的公務員。

真相遭到攻擊不只出現在美國。在世界各地，民粹主義和基本教義派的浪潮持續煽動民眾的恐懼和憤怒，使大家訴諸於衝動，捨棄理性辯論。這些浪潮也侵蝕了民主制度，並以世俗之見取代專業見解。有關英國與歐盟之間財政關係的虛假聲明[6]（印在一輛脫歐的宣傳巴士上），促使選民支持英國脫歐的公投。在法國、德國、荷蘭和其他國家的選舉前夕，俄羅斯大舉啟動宣傳活動，散播「假訊息」（dezinformatsiya）的種子，以抹黑及破壞民主。

教宗方濟各提醒我們：「所謂無害的假資訊，並不存在。相信謊言，可能帶來嚴重的後果。[7]」美國前總統歐巴馬指出，「我們的民主制度面臨的一大挑戰是，我們對事實毫無共同的基準[8]」，如今大家是「在全然不同的資訊世界裡運作」。共和黨參議員傑夫・佛雷克（Jeff Flake）在演講中曾發出警訊：「二〇一七年，我們看到真相——客觀、實證、有證據的事實——在我國政府最有權勢的人物手中，遭到前所未有的打擊與濫用。[9]」

這一切是怎麼發生的？川普時代謊言的根源是什麼？真相和理性為何變得如此岌岌可危？它們即將消亡，對我們的公共論述及政治與治理的未來意味著什麼？這是本書想要探討的主題。

川普的政治生涯是以「歐巴馬出生質疑論」（birtherism）的原罪為起點。對於如此崛起的候選人，我們很容易把他視為憑著諸多因素所凝聚的完美風暴，登上總統寶座的黑天鵝。這些因素包括：選民仍受到二〇〇八年金融危機的餘波所衝擊，因此以選票表達他們對執政黨的失望；俄羅斯對大選的干預，以及社群媒體上充斥著挺川普的假新聞；川普的對手希拉蕊在選民支持率上呈兩極分化，她變成民粹主義者譴責的華府精英象徵；各媒體對川普這個前真人秀明星所帶來的巨大瀏覽量與點閱量欲罷不能，據估計，這些媒體為川普的競選活動貢獻了價值約五十億美元的免費報導[10]。

如果小說家在作品中塑造了一個像川普那樣的反派人物：一個自戀、虛偽、無知、偏狹、粗野、蠱惑人心、殘暴衝動的浮誇形象（更遑論每天喝多達一打的健怡可樂[11]），讀者可能指責小說家根本是在瞎掰，令人難以信服。事實上，現任美國總統反而不像真實的人物，更像是癲狂的漫畫家把《烏布王*》（*Ubu Roi*）、《幹譙卡通狗勝利†》（*Triumph the Insult Comic Dog*），以及莫里哀‡（Molière）拋棄的角色混搭在一起所創造出來的人物。

但是，川普性格中那些可笑的特質，不該讓我們因此忽視了他對真相與法治的攻擊所造成的嚴重後果，以及他在我們的制度和數位溝通中暴露出來的種種缺陷。要不是有些大眾對講述真相漠不關心，在資訊的獲取上出現系統性的問題，思想上愈來愈偏頗狹隘，這個在競選期間就被爆出撒謊成性、搞各種商業詐欺的候選人，不太可能獲得如此廣泛的支持[12]。

在川普身上，個人的一切都是政治的。在很多方面，川普不像漫畫中的異類，反而比較像以下諸多破壞真相的樣貌所交纏出來的反派化身：把新聞與政治跟娛樂混在一起、顛覆美國政治的極化現象，以及民粹主義者對專業的日益蔑視。

這些樣貌也反過來變成多年來在日常生活的表象底下暗潮洶湧的動態，營造出一個讓真理女神病入膏肓的完美生態系統，誠如西班牙畫家哥雅（Goya）在其知名畫作〈真理已死〉（Truth Has Died）中描繪的那樣。

數十年來，客觀性——甚至人們有心盡力查明真相的念頭——逐漸遭到忽視。政治家丹尼爾・派屈克・莫尼漢（Daniel Patrick Moynihan）的名言——「每個人都有權表達個人觀點，但事實不能因人而異。」[13]——如今顯得比以往更貼近現況：兩極分化已經變得非常嚴重，以至於紅州美國和藍州美國§的選民甚至很難就相同的事實達成共識。右派的新聞網站圍繞著福斯新聞（Fox News）和布萊巴特新聞網¶（Breitbart News）運轉，構成了一個類似太陽系的系統。自從這個體系鞏固了它對共和黨支持者的吸引力以來，上述的情況就一直持續至今。社群媒體也以加倍的速度加快了那個現象，把用戶與志同道合的成員串連起來，為他們提供個人

---

* 法國戲劇家Alfred Jarry的荒誕戲劇，劇中的粗口和暴虐反常的角色，打破了現實與幻想的藩籬，可說是荒謬戲劇的先驅。

† 喜劇家Robert Smigel創造及操作的犬型手偶，這隻狗名叫勝利，特色是操著濃重的東歐口音，嘴角叼著雪茄，話語中充滿污穢。

‡ 十七世紀法國喜劇作家，也是西洋文學中最偉大的喜劇作家之一。

§ 紅州較支持共和黨，藍州則較支持民主黨。

¶ 美國右派新聞及評論網站，在政治上支持美國現任總統川普。

化的動態消息，強化他們的先入之見，使他們生活在愈來愈狹隘、毫無視野的藩籬內。

一九六〇年代文化戰爭開打以來，相對主義*一直方興未艾。當時，這種主張深受新左派及一些傳播後現代主義的學術界人士所擁護。新左派亟欲以相對主義來揭露西方資產階級、男性主導的思維所存在的偏見。傳播後現代主義的學術界人士則是主張，普遍的真相並不存在，世上只有比較小的個人化真相——亦即當時的文化和社會力量所塑造出來的觀感。從此以後，右派的民粹主義者就挾持了相對主義的論點，這些人包括「神造天地論」者†（creationist）以及氣候變遷的否定者。他們堅持他們的觀點應該與「有科學根據」的理論一起傳授。

當然，相對主義與數十年來持續高漲的自戀及主觀性完美地契合。打從湯姆·沃爾夫（Tom Wolfe）的「自我的時代」（Me Decade），到現在這個講究自尊的自拍年代，自戀及主觀性就不斷地高漲。所以，我們的文化中瀰漫著羅生門效應——認為一切都取決於你的觀點——也就不足為奇了。從熱門小說《完美婚姻》（*Fates and Furies*）到電視劇《婚外情》（*The Affair*），都是以各說各話的現實或不可靠的敘事者作為劇情主軸。

我閱讀及撰寫這些議題近四十年了，例如，解構的興起以及大學校園內有關文學經典的論戰；針對奧利佛・史東（Oliver Stone）的《誰殺了甘迺迪》（*JFK*）和凱薩琳・畢格羅（Kathryn Bigelow）的《00:30凌晨密令》（*Zero Dark Thirty*）等電影虛構的歷史重述所做的辯論；柯林頓政府和布希政府為了避免資訊透明，以自己的方式界定現實而大費周章；川普對語言發動的戰爭，刻意把不正常的東西變得正常；科技對我們處理及分享資訊的方式所造成的影響。在本書中，我希望從我閱讀書籍與觀察時事的心得中，把真相遭到攻擊的一些觀點串連起來，並把它們放在更廣泛的社會和政治動態的脈絡裡，那些動態已經在我們的文化中流傳多年了。我也想介紹一些過去頗有先見之明的書籍和文章，那些文字為我們闡明了當前的困境。

真實是民主的基石。誠如前代理司法部長薩莉・耶茲（Sally Q. Yates）所言，

---

* 認為真理並非絕對的，只能根據其他事物加以判斷。

† 他們不相信演化論。

真實是區別民主與專制的關鍵之一：「我們可以就政策與問題展開辯論，我們也應該這樣做。但那些辯論必須以共同的事實為基礎，而不是透過兩極分化的言論及捏造無稽之談，直接訴諸情感和恐懼。」[14]

「這世上不僅有所謂客觀的真相，不說實話也事關重大。我們無法控制公僕是否對我們撒謊，但我們可以控制的是，要不要讓他們為那些謊言負責，還是在筋疲力竭或為了保護我們自己的政治目標下，假裝視而不見，把漠視真相變成常態。」

第一章　理性的衰頹

「這是一顆蘋果。

有些人可能會告訴你，這是一根香蕉。

他們可能一而再、再而三地喊著：「香蕉，香蕉，香蕉。」

甚至以全部大寫的字體BANANA來標示那是香蕉。

你甚至可能開始相信這是一根香蕉。

但它不是。

這是一顆蘋果。」

CNN廣告，顯示一顆蘋果的照片[1]

一八三八年，年輕的林肯在學會演講中表達了對現況的擔憂：政府的制度保障了開國元勳傳承下來的公民自由與宗教自由。然而，隨著大家逐漸淡忘革命的記憶，眾人對政府制度的漠視威脅了美國的自由。為了維護法治，防止「我輩之中」可能變成暴君的人崛起，我們需要清醒的理性[2]——「冷靜、精明、不激動的理性」。他告誡聽眾，要「維護自由直到最後一刻」，美國民眾必須擁抱理性，以及「健全的道德，尤其是對憲法和法律的尊重」。

林肯深知，美國的開國元勳是以理性、自由、進步、宗教包容等啟蒙運動的原則，來打造美國這個年輕的共和國。他們精心設計的憲法架構是建立在一個理性的制衡體系上，套用亞歷山大．漢密爾頓（Alexander Hamilton）的說法，這是為了防止「私生活沒原則、膽大妄為的人」[3]某天出現，他可能「乘著民意熱中談論的話題崛起」，「討好及迎合當今毫無理智的狂熱者」，好讓政府難堪，「把事情搞得一團糟，以便『乘風破浪而起，大舉興風作浪』。」

那個體系絕非完美，但由於充滿彈性又能順應基本變化，至今已沿用了兩百多年。林肯、金恩博士、歐巴馬總統等領導人皆認為，美國的建國大業是一項未完成的工程，美國是個不斷自我精進的國家。他們試圖加速這項任務，並謹記金恩博士的說法：「進步既不是自動的，也不是無可避免的」[4]，而是需要持續地奉獻與奮鬥。美國從南北戰爭及民權運動以來所取得的成就，提醒了大家所有尚未完成的大業，但也證明了歐巴馬總統的信念（美國人「可以不斷地重塑自己，以適應更宏大的夢想」[5]），以及啟蒙運動對華盛頓所謂「託付到美國人民手中的重大實驗」[6]的信念。

這種樂觀的美國願景認為，美國可能成為閃亮的「山巔之城*」（city upon a hill）。然而，除了這種樂觀的願景外，美國歷史上一直流傳著另一種暗黑、非理性的相反主題。而且，如今這個主題已經強勢回歸，導致理性不僅遭到削弱，似乎也

---

* 山巔之城通常是指溫斯羅普於一六三〇年在著名的布道「基督徒慈善的典範」（A Model of Christian Charity）中提到的一個慣用語。當年溫斯羅普購買了英國皇帝新成立的馬薩諸塞公司的股票，舉家搬到馬薩諸塞，溫索普亦當選為殖民地總督，於一六三〇年布道時他引用了〈馬太福音〉五章十四節耶穌的「登山寶訓」中關於鹽和光的隱喻：「你們是世上的光。城立在山上，是不能隱藏的。」來提醒在新英格蘭建立馬薩諸塞灣殖民地的清教徒殖民者，他們的新社區將成為一座「山巔之城」，受到全球矚目。

跟著事實、有見地的辯論、審慎的政策制定一起遭到遺棄。科學遭到攻擊，各種專業知識亦遭到鞭撻，舉凡外交政策、國家安全、經濟、教育等專業知識皆無一倖免。

菲力浦・羅斯（Philip Roth）把這種反敘事稱為「美國固有的狂妄」[7]，史學家理察・霍夫士達特（Richard Hofstadter）稱之為「偏執風格」——一種由「強烈的誇張、懷疑、陰謀論的幻想」[8]所引發的觀點，聚焦於「一個國家、一個文化、一種生活方式」[9]所感受到的威脅。霍夫士達特那篇一九六四年的文章是在貝利・高華德*（Barry Goldwater）的競選活動及相關右派運動的刺激下書寫的，誠如他一九六三年出版的《美國的反智傳統》（*Anti-Intellectualism in American Life*）是針對參議員約瑟夫・麥卡錫†（Joseph McCarthy）惡名昭彰的政治迫害及一九五〇年代的政治和社會背景構思的。

後來，高華德競選總統失敗，麥卡錫主義（McCarthyism）在代表美國軍方的律師約瑟夫・韋爾奇（Joseph Welch）挺身而出、質問麥卡錫之後自生自滅了。韋爾奇質問麥卡錫：「先生，難道你最終還是毫無羞恥感嗎？連一點羞恥心都沒有嗎？」[10]

惡毒的麥卡錫在華盛頓四處指控別人對國家不忠（一九五〇年他向杜魯門總統發出警訊：「國務院裡窩藏了一群共產黨人及共產主義的支持者。」[11]），一九五四年終於遭到參議院的懲戒。隨著蘇聯於一九五七年發射人造衛星史普尼克一號（**Sputnik**），當時動搖國本的反理性主義開始消退，取而代之的是太空競賽，以及大家齊心協力改善美國的科學計畫。

霍夫士達特指出，偏執風格通常是「不定期的浪潮」[12]。反天主教、反移民的無知黨‡[13]（**Know-Nothing Party**）於一八五五年達到頂峰，有四十三名國會議員公開表示他們隸屬於該黨。該黨在接下來的一年內，因黨內分裂，權力迅速消散，但它不包容異說的偏執精神仍像病毒一樣繼續留在政壇中，等待著時機重新出現。

---

* 一九六〇年代開始美國保守主義運動復甦的主要精神人物，有美國的「保守派先生」之稱。

† 一九五〇年開始，冷戰局勢引發美國民眾的擔憂，害怕共產主義顛覆，麥卡錫乘機崛起，致力於政治壓迫、散播蘇聯間諜以及社會主義對美國產生的恐怖影響。

‡ 黨徒對外均稱對黨務一無所知，藉此達到保密的目的，其正式名稱即為「美國黨」，僅支持出生於美國的清教徒，主張「美國是美國人的美國」。

霍夫士達特指出，在現代右派的例子中，偏執風格往往是由不滿及剝奪感造成的。他寫道：「他們覺得美國已非其所有，大致上已經被奪走了。[14]」他們可能覺得，「他們沒有政治談判或決策的機會」。

至於二十一世紀的美國（及西歐的多數國家），人口結構及社會觀念的不斷改變，使一些白人勞動階級覺得自己日益遭到邊緣化；二〇〇八年的金融危機加劇了貧富不均；全球化和科技等力量導致製造業的工作外移，並為日常生活挹注了新的不確定性和焦慮——這些因素都加劇了人民不滿的情緒。

川普以及歐洲右派的國族主義、反移民的領導人[15]——諸如法國的瑪琳・勒朋（Marine le Pen）、荷蘭的基爾特・懷爾德斯（Geert Wilders）、義大利的馬泰奧・薩維尼（Matteo Salvini）等人——觸發這些恐懼、憤怒、被剝奪公民權的情緒，他們只會找代罪羔羊，而不提供解決方案。在此同時，自由派和保守派擔心本土主義*和偏見政治的抬頭，警告民主制度正面臨愈來愈大的威脅。一九一九年，葉慈在一戰的殘跡中寫下〈二度降臨〉（The Second Coming）這首詩。這首詩在二〇一六年再度廣為流傳。新聞報導於二〇一六年上半年引用這首詩的次數比過去三十年還多[16]，因為不分左派和右派的時事評論員都引用了這首詩的名句：「萬物分崩離析，中道難守，世間一片脫序。[17]」

川普就任總統的第一年，真相與理性遭到的攻擊達到瘋狂的境界。那些攻擊在右派邊緣已醞釀多年。憎恨希拉蕊的人針對一九九〇年代文森・福斯特†（Vince Foster）的死亡事件捏造了瘋狂的指控。茶黨（Tea Party）的偏執狂聲稱環保分子想控制你家的溫度以及你能買的汽車顏色[18]。二〇一六年總統大選期間，這兩組人馬與布萊巴特新聞網的部落客及另類右派（alt-right）的酸民搭上了線，沆瀣一氣。隨著川普贏得共和黨提名與總統大選，他最激進的支持者所抱持的極端觀點——諸如對種族和宗教的偏執、對政府的厭惡、對陰謀論和錯誤資訊的全盤接納——變成了主流。

---

* 認為在本土出生的人比移民重要

† 白宮副法律顧問，他與柯林頓夫婦相識已久，並由柯林頓引薦入白宮。多年來和柯林頓夫婦有不少生意和法律上的往來，知道許多內幕，後來被發現陳屍在外。五家調查機構的調查結果均認定他是自殺，但因為他與柯林頓夫婦過從甚密，他的死亡被渲染了無數神祕的色彩。

二〇一七年《華盛頓郵報》的一項調查顯示[19]，四七％的共和黨人誤以為川普贏了普選票（popular vote）；六八％的人認為二〇一六年有數百萬非法移民參加了總統大選的投票；半數以上的共和黨人表示，他們願意延遲二〇二〇年的總統大選，直到非法投票的問題解決為止。芝加哥大學的政治學家做了另一項研究，該研究顯示[20]，二五％的美國人認為，二〇〇八年的金融危機是由一小群銀行家祕密策劃的；一九％的人認為美國政府涉入九一一恐怖攻擊；一一％的人甚至相信研究人員捏造的一個理論（該理論主張省電燈泡是政府的陰謀，目的是讓人變得更被動，更容易掌控）。

川普的政治生涯是靠著無恥地散播「歐巴馬出生質疑論」崛起的[21]，他對最熱中陰謀論、語不驚人死不休的電臺主持人艾力克斯．瓊斯（Alex Jones）讚譽有加。川普上任後，第一年就把美國政府變成反啟蒙運動原則的象徵，否定了理性主義、包容、經驗主義對政策及一貫作法的重要性——此舉反映了領袖反覆無常又衝動的決策風格。他的決策全憑直覺、突發奇想，以及對世界運作方式的先入之見（通常是妄想），而不是基於知識。

川普入主白宮後，並未努力彌補他對國內政策及外交政策的無知。他的前首席策略長史蒂芬・班農（Stephen Bannon）表示[22]，他只「透過閱讀來強化信念」[23]，而且他仍堅決否認或輕描淡寫俄羅斯干預二〇一六年總統大選的情報。官員向《華盛頓郵報》透露，由於提及那些事情往往會觸怒川普[24]，也可能打斷情報的簡報，他們有時只在書面版的總統每日簡報中加入這些資訊。但據報導，川普鮮少閱讀那些簡報。

總統似乎更喜歡從福斯新聞（尤其是諂媚阿諛的晨間新聞《Fox & Friends》）以及布萊巴特新聞網、《國家詢問報》（*National Enquirer*）等媒體獲得資訊[25]。據報導，他每天看電視的時間多達八小時[26]——這個習慣不禁讓許多讀者想起錢西・加丁納（Chauncey Gardiner）。加丁納是傑茲・科辛斯基（Jerzy Kosinski）一九七〇年小說《身歷其境》（*Being There*）裡的人物，他是沉迷於電視的園丁，後來變成名人及聲勢大漲的政治明星。VICE新聞也報導，川普每天會收到一個資料夾兩次，裡面裝滿了奉承他的消息，包括「讚賞他的推文、奉承他的電視訪談文字紀錄、充滿溢美之詞的新聞報導，有時裡頭只放川普在電視上看起來頗具威嚴的照片」[27]。

這些荒謬的細節不止令人感到滑稽而已，更令人不安，因為這不是《陰陽魔界*》（*Twilight Zone*）裡的個案，川普不光只是一個住在華盛頓特區白色豪宅裡的幻想家而已。他喜歡胡搞的個性，並未受到周遭人物的牽制，反而感染了整個政府。他聲稱，在政策制定方面，「我是唯一重要的人」[28]，再加上他不屑了解制度，即使他沒有把內閣成員及各部會完全隔絕在外，他也經常忽視他們的建議。

諷刺的是，這些習慣所助長的社會脫序，往往也證實了川普的支持者對華府的不信任（這是他們當初投票給川普的主因之一），因此創造出一種自我應驗預言，而這種預言又反過來促成更多的憤世嫉俗，並導致民眾更不願意參與政治。愈來愈多選民覺得他們的觀點和政府政策之間有嚴重的脫節。例如，購買槍支應該強制進行背景調查之類的政策，可說是再合理不過了[29]，而且九成以上的美國人也支持這樣的政策，但國會卻遲遲不肯通過，因為國會中充滿了靠全國步槍協會（NRA）捐款贊助的議員。在二〇一八年的某次民調中，八七％的美國人表示，他們認為「追夢人」（Dreamers）†應該獲准留在美國[30]，但「童年入境暫緩遣返」計畫（DACA）‡至今仍是政壇的燙手山芋。八三％的美國人（包括七五％的共和黨人）表示，他們支持網路中立性[31]——但川普執政後，聯邦通信委員會（FCC）推翻了這點§。

理性論述的角色逐漸式微，常識以及有事實根據的政策也變得無足輕重，這一切並非從川普開始的。艾爾・高爾（Al Gore）、法哈德・曼裘（Farhad Manjoo）、蘇珊・賈可比（Susan Jacoby）在川普執政近十年前撰寫的著作，彷彿有先見之明，診斷出許多當今的趨勢，川普只是代表那些趨勢的巔峰罷了。關於導致理性論述式微的原因，賈可比在《美國非理性的年代》（*The Age of American Unreason*）中

---

* 美國電視劇集，每集均為互無關連的獨立故事，內容有不同類型，包括心理恐怖、幻想、科幻、懸疑和心理驚悚。常以可怕或大逆轉劇情作結，同時帶出警世寓意。

† 兒時跟隨父母到美國追尋美國夢的非法移民。

‡ 歐巴馬在二〇一二年六月推出的政策，容許在入境美國時未滿十六歲的非法移民申請可續期的兩年暫緩遣返，並容許他們申請工作許可。這項政策是歐巴馬以行政命令方式啟動，未經國會表決。

§ 二〇一五年二月二十六日，FCC決定支援網路中立性，但川普就任美國總統後，決定廢除網路中立性規則，所以二〇一七年十二月十四日，FCC通過廢除網路中立性規則的決議，放鬆對大型電信公司的監管。

提到「沉迷於資訊娛樂*（Infotainment）」[32]、宗教基本教義派持續走強、「大眾普遍把唯智主義（intellectualism）視為一種與美國價值觀格格不入的自由主義」[33]，以及糟糕的教育系統「不僅教不好基本技能，也教不好那些技能背後的邏輯」[34]。

高爾在《失控的總統》（*The Assault on Reason*）中則是強調，美國身為參與式民主的境況每況愈下（投票率低、選民對消息不靈通、金錢支配選戰、媒體操縱），而且「即使鐵證如山，證明事實正好相反，大家仍持續依賴謊言作為政策的基礎」[35]。

高爾那番論述的最明顯例子，是布希政府決定入侵伊拉克的可怕決策，以及他試圖說服大眾接納那場戰爭的諷刺行徑（製造大家對伊拉克的新恐懼，藉此扭曲美國的政治現實[36]，然而那個新恐懼和伊拉克所構成的實際危險根本不成比例）。伊拉克並未在九一一恐怖攻擊中攻擊美國，也沒有可怕的大規模殺傷性武器，但政府內的主戰派卻嚇唬美國人相信伊拉克擁有那些武器。

事實上，伊拉克戰爭仍是一場慘痛的教訓[37]。它告訴我們，當影響全世界的重大決策不是透過理性的決策過程，以及審慎權衡資訊與專家分析所做出來的，而是因意識形態的篤定及刻意挑選情報來支持先入為主的想法時，就會釀成災難。

打從一開始，以副總統迪克・錢尼（Dick Cheney）和國防部長唐納・倫斯斐（Donald Rumsfeld）為首的政府主戰派就急切地要求「勇往直前」的情報，以支持發動戰爭。國防部甚至設立了一個名為「特別計畫室」（Office of Special Plans）的祕密行動。記者西莫・赫許（Seymour M. Hersh）在《紐約客》的文章中引用一位國防部顧問的說法，說那個特別計畫室的使命是為倫斯斐和國防部的副部長保羅・伍佛維茲（Paul Wolfowitz）已經認定的真實尋找證據——他們認為海珊和基地組織有關連，也認為伊拉克擁有大量的生化武器，可能也有核武。

與此同時，地面作戰計畫也忽視了一些專家（例如陸軍參謀長艾瑞克・新關〔Eric K. Shinseki〕）的鄭重警告。新關在作證時指出，戰後的伊拉克需要「幾十萬名士兵」[38]。但他的建議很快就遭到否決，蘭德公司和陸戰學院的報告也遭到否決，這兩個機構的報告都提到伊拉克戰後的安全與重建需要大量軍隊，而且需要很

---

* 又稱為軟新聞，是帶娛樂成分的時事新聞，或是以新聞方式廣播的娛樂節目。

長的時間。這些評估都因為不符合政府過於樂觀的預期而未獲重視（後來衍生了致命的後果）。他們原本預期伊拉克人民會把美國軍隊視為救世主一樣歡迎，也以為地面的抵抗有限，誠如倫斯斐的一位盟友所言：「輕而易舉。」[39]

未能派遣足夠的軍隊去伊拉克維護安全及恢復治安；美國國務院的「伊拉克未來計畫」遭到擱置（因為國務院與國防部的關係緊張）；臨時決定解散伊拉克軍隊及禁止阿拉伯復興社會黨（Baath Party）的所有高階成員——這些可避免的災難性錯誤，導致美國搞砸了佔領伊拉克的任務。一位派駐聯盟臨時管理當局（Coalition Provisional Authority）的士兵，生動地描述美軍的作法是「把羽毛拼貼在一起，希望能拼出一隻鴨子」[40]。事實上，伊拉克戰爭後來證明是本世紀最災難性的事件之一，它引爆了該區的地緣政治，催生了伊斯蘭國（ＩＳＩＳ），並為伊拉克、該區、全世界的人民帶來了一系列尚未平息的災難。

儘管川普在二〇一六年總統大選期間經常批評美國入侵伊拉克的決定[41]，但他執政後，非但未從布希政府發動那場沒必要的悲劇戰爭中記取任何教訓，有些不當的作法還變本加厲了，比如在政策制定方面「先畫靶心再射箭」、駁斥專家的意見。

舉例來說，由於班農誓言為「行政國（administrative state）的解構」[42]而奮鬥，再加上白宮對「深層政府*」（deep state）專業人士的懷疑，國務院已經遭到掏空。總統的女婿傑瑞德．庫許納（Jared Kushner）現年三十六歲，是毫無公職經驗的房地產開發商。川普把中東事務的重責大任交給他，日益萎縮的國務院逐漸形同虛設。川普執政第一年結束時，許多重要的職位仍無人遞補。這有部分是因為縮編及怠忽職守，有部分是因為川普不願任命對總統政策持保留意見的外交官（例如駐南韓大使那個重要的角色[43]），還有部分是因為許多外交人才紛紛離開外交部，他們覺得新任的管理高層不再重視他們在外交、政策知識或偏遠地區的技能。由於川普政府對外交政策的粗心大意，再加上川普顛覆存在已久的聯盟及貿易協定，並持續破壞民主理想，蓋洛普的民調顯示，二〇一七年世界對美國領導力的信心暴跌

* 非經民選，由軍隊、警察、政治團體等所組成的，為保護其特定利益，祕密並實際控制國家的集團。也稱為「國中之國」。

至三十%的新低[44]（低於中國，略高於俄羅斯）。

在某些方面，川普政府對專業知識與經驗的蔑視，反映了一種普遍滲透美國社會的態度。矽谷企業家安德魯·基恩（Andrew Keen）在二〇〇七年出版的《你在看誰的部落格？一群打亂長尾、扼殺文化的業餘者》（*The Cult of the Amateur*）中警告，網際網路不僅以超乎大家想像的方式普及了資訊，也以「群眾智慧」[45]取代了真正的知識，模糊了事實與意見、有據的論點與胡亂猜測之間的界線。

二〇一七年，學者湯姆·尼可斯（Tom Nichols）在《專業之死》（*The Death of Expertise*）中寫道，無論是左派或右派，都對既定的知識產生偏執的敵意，他們積極地主張：「關於每件事的每個意見都沒有高低之別。[46]」如今無知蔚為風尚。

尼可斯寫道：「要是大家對切身議題連基本的了解都沒有，等於放棄了對這些議題的掌控權，無論他們喜不喜歡。當選民對這些重要決策失去掌控時，無知的煽動者就可能劫持他們的民主制度，或者他們的民主制度可能悄悄惡化，逐漸變成威權的技術官僚。[47]」

川普政府認為，忠誠及固守意識形態比獲取知識更重要，這種偏好在整個政府中表露無遺。不合格的法官和政府部會首長之所以獲得任命[48]，是因為任人唯親、政治人脈，或川普決心削弱那些阻礙他大規模「放鬆監管」計畫的機構，以圖利化石燃料業及富裕的企業捐贈者。瑞克·裴利（Rick Perry）以希望廢除能源部聞名[49]，卻被任命為能源部的部長，負責削減可再生能源專案。新任的環保署署長史考特·普魯特（Scott Pruitt）多年來屢次控告環保署[50]。他一當上署長後，迅速開始廢除及減緩推動環保的立法。

大眾反對共和黨提出的稅法，擔心醫療保險可能遭到取消。當他們的觀點與川普政府的目標或共和黨國會的目標不一致時，便被斷然忽視。某領域的專家（例如氣候變遷、財政政策、國家安全）提出棘手的問題時，便遭到邊緣化，或遇上更糟的對待，國會預算局（CBO）就是一例[51]。CBO是幾十年前成立的無黨派獨立單位，專門為立法估算成本。當它指出共和黨提出的醫療保險法案將導致數百萬人失去保險時，共和黨人開始攻擊該單位——不僅抨擊它發布的報告，也抨擊那個單位的存在。川普的管理與預算局局長麥克·馬瓦尼（Mick Mulvaney）質問，國會預算局的存在是不是已經不合時宜了，其他共和黨人則提議大幅削減國會預算局的預算，把該局的員工從兩百三十五人縮減為八十九人。

在這方面，川普政府經常規避那些制定政策的常規機制，以及分析與審查的正常流程，而且明顯違反了規範。許多舉動是「先畫靶心再射箭」的非理性結果：先決定白宮或共和黨國會想要的結果，然後再想辦法自圓其說或瞎掰理由。這種方式和科學方法截然相反，科學是有系統地收集及評估資料，以構思及測試假設。川普政府要求美國疾病管制中心（CDC）的分析師避免使用「科學依據」和「證據導向」等術語[52]，顯然對科學方法不屑一顧。這讓我們想起在歐威爾《一九八四》的反烏托邦中，沒有「科學」這個詞彙，因為「以前所有的科學成就，都是建立在思想的經驗法則上」[53]，思想的經驗法則代表一種客觀的現實，那會威脅到老大哥決定什麼才是事實的權力。

除了宣布退出「巴黎氣候協議」以外[54]（敘利亞簽署加入後，美國成了否定全球協議的唯一國家），川普政府也誓言終止歐巴馬總統推動的「潔淨電力計畫」[55]，並廢除在近海鑽探石油與天然氣的禁令。政府諮詢委員會紛紛解聘科學家[56]，並計畫削減生物醫學、環境科學、工程、資料分析等領域的一系列研究計畫。光是環保署一個單位[57]，白宮就提議刪除其年度預算二十五億美元，削減的幅度超過二三%。

「為科學遊行」（March for Science）是一個在華盛頓特區成立的活動，目的是抗議川普政府的反科學政策。二〇一七年四月，這個活動已大幅擴展，在三十五個以上的國家啟發了四百多場遊行一起共襄盛舉[58]。各國的參與者為了聲援美國的同業，以及關心自己國家的科學與理性現狀，而走上街頭。畢竟，美國政府針對氣候變遷及其他全球問題所做的決定，在世界各地都會產生骨牌效應——影響到關係企業及協力研究，也影響那些為地球危機尋找國際解方的努力。

英國科學家擔心脫歐對英國大學及研究機構的影響，也擔心英國學生能否到歐洲求學[59]。澳洲、德國、墨西哥等國的科學家都擔心，貶抑科學、證據、同儕審查的態度將廣為流傳。拉丁美洲與非洲的醫生擔心，有關茲卡病毒（Zika）及伊波拉病毒（Ebola）的假新聞正在傳播錯誤的資訊和恐懼。

邁克・麥克費林（Mike MacFerrin）是冰河學的研究生，在格陵蘭島上的康克魯斯瓦格鎮（Kangerlussuaq）工作，該鎮的人口僅五百人。他接受《科學》（*Science*）雜誌的採訪時表示，當地居民有實際的理由擔心氣候變遷，因為冰層的逕流已經沖毀當地的一座橋樑。他指出：「我把攻擊科學比喻成關掉車頭燈[60]。我們現在開著快車，但大家並不想看到前方有什麼東西。我們這些科學家就是車頭燈。」

關於理性思考（亦即對科學、人文主義、進步、自由的信念）多快臣服於「與它相反的恐怖與集體情感」之下[61]，最悲慘的描述之一，莫過於奧地利作家史蒂芬・茨威格（Stefan Zweig）於一九四二年出版的回憶錄《昨日世界》（*The World of Yesterday*）。茨威格一生中目睹了兩場震撼世界的災難——第一次世界大戰，隨後經歷一段短暫的喘息，接著又出現希特勒的災難性崛起和二次大戰。他的回憶錄見證了歐洲如何在幾十年內兩度自我毀滅——那是「理性敗北」及「野蠻大獲全勝」的可怕故事，他希望那些經歷可以讓後代記取教訓。

茨威格寫道，他成長的那個年代，科學的奇跡（例如戰勝疾病、「一秒內把人話傳到世界另一端」）[62]使一切進步看似必然，連貧困那麼可怕的問題「似乎也不再是無法克服的難關了」。茨威格回憶道，他父親那個世代充滿了樂觀（這可能使一些讀者想起一九八九年柏林圍牆倒下後，西方世界所湧現的希望）：「他們真心相信，國家和派系之間的分歧與分野將逐漸消失，融合成共同的人類。所有的人將共享最寶貴的財富：和平與安全。」

茨威格年輕的時候，常和朋友在咖啡館泡好幾個小時，談論藝術及個人關切的議題。「那時我們一心想成為最早發現最新、最誇張、最不尋常事物的人。」[63]那些年，上流及中產階級都有一種安全感：「住家保了火險和竊盜險，田地保了冰雹險與暴風險，個人保了意外險和疾病險。」

大家很慢才意識到希特勒所代表的危險。茨威格寫道：「少數幾位作家花心思去讀了希特勒的著作，但他們嘲笑他矯揉造作的文風，而無視他的計畫。」[64]報紙向讀者保證，納粹運動「很快就會崩解」。許多人認為，即使「一個反猶的煽動者」真的當上德國總理，他「理所當然會揚棄那種低俗的行為」。

然而，不祥的跡象持續地累積。在德國邊境附近，一群又一群咄咄逼人的年輕人「一邊宣揚他們的理念，一邊語帶威脅地說，不馬上加入他們的人，以後得為此付出代價」[65]。和解時代費盡千辛萬苦才修補了「階級和種族之間潛藏的裂痕與裂縫」，如今修補好的地方又裂開了，而且迅速「擴大成深淵與鴻溝」。

但茨威格記得，納粹很小心，並未馬上完全揭露他們的目標。「他們小心翼翼地落實他們的方法[66]：一開始只下小小的劑量，接著暫停一下。每次只給一小錠，接著等待片刻，觀察藥效」，以觀察大眾和「世界良知」是否還能吸收這帖藥。

茨威格寫道，由於大家不願放棄習以為常的生活、日常慣例與習慣，他們不願相信自由正迅速地遭到剝奪。大家紛紛質問，德國的新領導人究竟是怎麼「靠蠻力在一個法律穩固、議會多數反對他、每個公民都相信自己的自由與平等權利獲得憲法保障的國家中晉升為領袖的」[67]。他們告訴自己，這種瘋狂的崛起「無法在二十世紀延續」。

第二章　新文化戰爭

「客觀性的消失『免除了我追求正確的義務』，它只要求我有趣就好。」

——史丹利・費許教授（Stanley Fish）[1]

大衛・福斯特・華萊士（David Foster Wallace）在二〇〇五年發表了一篇頗有先見之明的文章。他在文中寫道，新聞媒體的激增（包括印刷媒體、電視媒體、網路媒體）創造出「五花八門的資訊選擇」[2]。這個媒體奇觀催生了大量充滿意識形態的新聞媒體（包括很多右派媒體，例如福斯新聞和《林博秀》〔*Rush Limbaugh Show*〕）。華萊士指出，它的一大諷刺在於，它正好創造出「保守派譴責的那種相對主義文化，那是一種認知的混戰。在那種認知混戰中，『真相』完全是一個視角與動機的問題」」。

那些文字寫於二〇一六年總統大選前的十幾年，卻驚人地預測了川普當選後的文化奇景：真相因個人眼光而異；事實是可替代的，也是由社群建構而成；我們常覺得自己突然墜入一個顛倒的世界，在那個世界裡，沿用數十載的假設和基準徹底地顛倒了。

共和黨曾是冷戰勇士的堡壘[3]，然而以法治為競選綱領的川普，卻對俄羅斯干預美國大選的危險不屑一顧。國會的共和黨成員談論著FBI和司法部內部的祕密小團體。許多新共和黨人就像一九六〇年代反主流文化的成員一樣，否定理性和科學。在第一輪的文化戰爭中，許多新左派把啟蒙思想視為舊有的家長制及帝國主義思想的遺毒。如今，這些理性和進步的理想遭到右派抨擊，他們認為那些理想是自由主義陰謀的一部分，目的是削弱傳統價值觀，或消除學究、東岸精英主義的可疑跡象。在這方面，對政府的無端恐懼日益從左派（把越戰問題歸咎於軍事工業複合體*）轉向右派（另類右派的酸民和國會的共和黨議員現在指責「深層政府」密謀推翻總統）。

川普的競選團隊把自己描述成一股反叛的改革力量，代表遭到邊緣化的選民進行奮鬥。他們的矯情用語與一九六〇年代激進派所使用的語言出奇地相似。川普在某次集會上宣布：「我們努力打破富有的捐贈者、大企業、媒體高管之間的勾結。」[4]在另一場集會上，他呼籲大家取代這個「失敗又腐敗的政治體制」[5]。

更諷刺的是，民粹的右派還挪用後現代主義的論點，並積極擁抱那些對客觀性的哲學批判——幾十年來，這些學派附屬於川普一幫人所鄙視的左派及精英學術圈。為什麼我們要關心學術界這些聽起來晦澀難懂的論點？我們可以肯定地說，川普即使聽過德希達（Derrida）、布希亞（Baudrillard）或李歐塔（Lyotard），也沒讀過他們的作品；美國國內廣為流傳的虛無主義也很難歸咎於後現代主義者。但他們根據那些學者的思想所產生的一些愚蠢推論，已經滲透到大眾文化中，並遭到總統的辯護者及右派分子的劫持。辯護者想利用這些相對主義的論點來為總統的謊言開脫，右派分子想藉此質疑進化論，或否認氣候變遷的現實，或宣揚「另類

---

* 指一國軍隊與軍事工業因政治經濟利益過於緊密而成的共生關係。

事實」。連惡名昭彰的另類右派紅人兼陰謀論者邁克・切諾維奇（Mike Cernovich）二〇一六年接受《紐約客》的採訪時也提到後現代主義：「嘿，我在大學讀過後現代主義理論。如果一切都是敘事的話，我們在主流敘事之外，也需要其他的敘事。」[6]他又補充提到：「我看起來不像是會讀拉岡（Lacan）作品的人吧？」

一九六〇年代以來，大家對制度和官方說法的信任加速消退。有些懷疑是必要的修正——那是對越戰和伊拉克戰爭所釀成的災難、水門案、二〇〇八年的金融危機、以及長久以來影響一切的文化偏見（從小學教導的歷史，到司法體系的不公正）所產生的理性反應。但網際網路促成的資訊自由普及，不僅刺激了驚人的創新與創業精神，也導致錯誤資訊及相對主義的擴散滋長，如今的假新聞氾濫就是明證。

在學術界，官方敘述的崩解核心，是後現代主義那把大傘底下所涵蓋的許多想法。那些思想在二十世紀中葉經由傅柯（Foucault）、德希達等法國的理論家傳進了美國大學（他們的思想得益於德國的哲學家海德格與尼采）。後現代主義顛覆了敘事傳統，並打破不同的流派之間，以及通俗文化與純藝術之間的界線。在文學、電影、建築、音樂、繪畫中，後現代主義的概念產生出解放效果，在某些情況下甚至讓人脫胎換骨，因此促成了湯瑪斯・品瓊（Thomas Pynchon）、大衛・鮑伊（David Bowie）、柯恩兄弟（Coen Brothers）、昆汀・塔倫提諾（Quentin Tarantino）、法蘭克・蓋瑞（Frank Gehry）等藝術家的多元創新作品。然而，當後現代主義理論應用在社會學及歷史上時，各種理念意涵，無論是有意或無意的，都會影響我們的文化，並在文化中不斷地激盪。

後現代主義有許多不同的流派，也有許多不同的詮釋。但廣義來說，後現代主義認為，不受人類觀感影響的客觀現實並不存在，它主張知識是透過階級、種族、性別、其他變數等稜鏡過濾的。後現代主義否定了客觀現實的可能性，並以「觀點」和「定位」等概念來取代真實的概念，從而肯定了主觀性原則。他們認為語言是不可靠、不穩定的（說出來的話與想表達的意思之間有一道難以逾越的鴻溝，語言是那道鴻溝的一部分），甚至不相信一個人可能是完全理性、自主的個體，因為每個人在有意或無意間，都是由特定的時代和文化塑造出來的。

大家不再有共識，史觀不再是線性敘事，大型普遍或超驗的後設敘事也消失了。例如，許多左派的後現代主義者把啟蒙運動貶抑為霸權式或歐洲中心論的歷史解讀，目的是宣揚殖民主義者或資本主義的理性和進步觀念。基督教的救贖敘事，以及馬克思主義通往共產主義烏托邦的道路也遭到否定。學者克里斯多福．巴特勒（Christopher Butler）指出，對一些後現代主義者來說，即便是科學家的論點，可能也「被當成『類敘事』（quasi-narrative）看待，跟其他的論點一起爭搶著認同。它們不是適合世界的獨特敘事或可靠敘事，與現實沒有一定的對應，只是另一種形式的虛構」[7]。

後現代思想從學術界轉變成政治主流，這讓我們想起了文化戰爭——如一九八〇年代和一九九〇年代那些關於種族、宗教、性別、學校課程的激烈辯論——是如何以意想不到的方式突變的。大家認為，九一一恐怖攻擊和二〇〇八年的金融危機使那些辯論邊緣化了，大家也期待在歐巴馬總統的第二任期看到這種最惡毒的文化戰爭逐漸消失。醫療保險立法、巴黎氣候協議、二〇〇八年金融危機後經濟日趨穩定、同性婚姻，以及努力解決刑事司法體系不公的問題——雖然還有很多必要的改革有待完成，很多美國人認為美國至少已經踏上了進步的道路。

史學家安德魯・哈特曼（**Andrew Hartman**）在二〇一五年的著作《為美國靈魂而戰》（*A War for the Soul of America*）中寫道，那些「抵制六〇年代開始的文化變革，認同五〇年代標準美國主義」[8]的傳統主義者，似乎已經輸掉了八〇年代和九〇年代的文化戰爭。哈特曼寫道，到了二十一世紀，「愈來愈多的美國大眾接受、甚至擁抱當時看似新國家的美國。因此，二十世紀末期的文化戰爭應該把它理解成調整期。也就是美國為了適應文化變化所經歷的痛苦掙扎。文化戰爭迫使美國人、甚至保守派承認美國生活的轉變。雖然承認往往是以否定的形式出現，但即使不是完全接受，那也是臣服的第一步。」

事實證明，這種樂觀的評估是完全不成熟的，就像法蘭西斯・福山（**Francis Fukuyama**）一九八九年的論述〈歷史的終結〉一樣不成熟。福山認為，隨著蘇聯的共產主義內爆，自由民主已經獲勝了，那將變成「人類政府的最終形式」[9]。

自由之家*（Freedom House）的一份報告總結道：「隨著民粹主義與民族主義的勢力在民主國家大有斬獲，二〇一六年是全球自由連續萎縮的第十一年。」[10]二〇一七年，福山表示，他對川普總統領導下的「制度與民主規範的緩慢崩解」[11]感到擔憂。他說，二十五年前，他「不知道民主可能以什麼方式倒退，也毫無相關理論」，但現在他意識到「民主顯然是可能倒退的」。

至於文化戰爭，它們很快又捲土重來了。共和黨的偏執派系——茶黨、歐巴馬出生質疑論者、右派狂熱者、白人民族主義者——已經動員起來反對歐巴馬及其政策。川普身為候選人及總統[12]，則是在這些社會與政治爭議上火上加油，藉此鞏固其基礎，也轉移大家的注意力，避免大家關注他的政策失敗和許多醜聞。他利用美國社會的黨派分歧，訴諸那些擔心世界變化的白人勞工階級選民的恐懼，同時把他精挑細選的代罪羔羊——移民、黑人、婦女、穆斯林——推給那些選民當出氣筒。

與此同時，俄羅斯的網軍一邊努力協助川普當選總統，一邊試圖破壞大家對美國民主制度的信心。他們使用社群媒體的假帳號[13]，以便進一步擴大美國人之間的分歧，這些事件絕非偶然。例如，二〇一六年五月，俄羅斯的網軍利用臉書的假帳號「德州之心」，號召了一場名為「阻止德州伊斯蘭化」的抗議活動。另一個名為「美利堅團結穆斯林」的臉書假帳號也在同一時間和地點，號召了一場反抗議的活動。

針對川普訴諸恐懼與分裂的政治手段，有些最有力的批評是來自幾位保守派的人士，例如史蒂夫・施密特†（Steve Schmidt）、妮可・華萊士‡（Nicolle Wallace）、喬・斯卡伯勒§（Joe Scarborough）、珍妮佛・魯賓¶（Jennifer Rubin）、馬克斯・布特**（Max Boot）、大衛・弗倫††（David Frum）、比爾・

---

* 美國官方資助的非政府組織，致力於民主、政治自由以及人權的研究和支持，其最知名的是對各國民主自由程度的年度評估。

† 軍事家。

‡ 布希總統任內的白宮公關室主任。

§ 新聞主播、廣播節目主持人、曾任美國眾議員。

¶ 新聞工作者。

** 作家。

†† 時事評論員。

克里斯托*（Bill Kristol）、邁克・格森†（Michael Gerson）、共和黨的參議員約翰・馬侃（John McCain）和傑夫・佛雷克（Jeff Flake）等等。但多數的共和黨人支持川普，還為他的謊言、他對專業的蔑視、他對美國許多立國理念的輕蔑進行辯護。對這些川普支持者來說，政黨重於一切——舉凡道德、國家安全、財政責任、常識、起碼的體統等等。在川普與色情明星史多美・丹尼爾（Stormy Daniels）有染的醜聞爆發後，川普的熱情支持者馬上出面聲援他：小傑瑞・法威爾（Jerry Falwell, Jr.）說：「這些事情都是多年前的往事了。」[14]基督教保守派團體家庭研究協會（Family Research Council）的會長湯尼・柏金斯（Tony Perkins）表示，他和他的支持者都願意包容川普的個人行為[15]。

考慮到保守派在一九八〇年代和九〇年代的第一波文化戰爭中所抱持的立場，這是很諷刺的發展。當時，保守派自詡為傳統、專業、法治的守護者，反對理性衰頹及西方價值觀遭到否定。政治哲學教授艾倫・布魯姆（Allan Bloom）在一九八七年出版的《走向封閉的美國精神》（*The Closing of The American Mind*）中抨擊了相對主義，並譴責一九六〇年代的校園抗議活動。他指出，那些校園抗議活動認為

「奉獻比科學更深遠，熱情比理性更重要」[16]。學者葛楚德・希梅爾法布（Gertrude Himmelfarb）警告，新一代的後現代主義者已經把歷史的書寫及教學政治化了：她指出，透過性別、種族等變數的視角來觀看過去時，後現代主義者不僅暗示所有的真相視情況而定，而且「追求真相不僅徒勞，也肯定有害」[17]。

有些評論者試圖把「多元文化主義的多元衝動」與「激進的後現代主義者的論點」混為一談。前者打開一度狹隘的歷史閘門，納入婦女、非裔美國人、印第安人、移民的心聲，以及迄今遭到邊緣化的其他觀點，為美國例外論‡（American exceptionalism）和西方必勝主義（Western triumphalism）的傳統敘事提供了重要解方。多元文化主義強調許多歷史書寫並不完整（誠如喬伊絲・艾坡比〔Joyce Appleby〕、林・亨特〔Lynn Hunt〕、瑪格麗特・傑考〔Margaret Jacob〕在他們精闢又通俗易懂的著作《歷史的真相》〔*Telling the Truth About History*〕中的主張），

---

* 時事評論員。

† 作家。

‡ 一種理論與意識形態，認為美國是個獨特的國家，與其他國家完全不同。

並提出一種更包容、更有共識的觀點。但他們也警告，極端的觀點可能促成危險的簡化信念，以為「過去的知識只是為了達成特定目的的意識形態建構，使歷史變成一連串的迷思製造，或用來強化群體身份」[18]。

激進的後現代主義者除了嘲笑歷史教學（或書寫）是否可能公允之外，也攻擊科學。他們認為科學理論是社會建構的：理論是以提出理論者的身份，以及理論形成時所處的那個文化的價值觀為依據，所以科學不可能是中立或普世真理。

肖恩·奧托（Shawn Otto）在《科學之戰》（*The War on Science*）中寫道：「原子彈爆炸後及冷戰期間，出現對科學又愛又恨的矛盾心理。後現代主義的觀點與那種矛盾心理非常吻合。」[19]他繼續寫道，在大學那些人文系所的左傾學者之間，「科學逐漸被視為鷹派、親商、右派權力結構的領域——污染、冷漠、貪婪、機械、性別歧視、種族主義、帝國主義、恐同、壓迫、不包容。一種對我們的靈魂、身體或大地之母的精神或整體健全漠不關心的無情意識形態。」

當然，認為研究人員的文化背景會影響可驗證的科學事實是荒謬的。奧托精闢地提到：「大氣中有多少二氧化碳，無論測量的科學家是索馬利亞的女性，還是阿根廷的男性，結果都一樣。」[20]但那些後現代主義的論點為當今那些反疫苗及否認全球暖化的人敞開了大門，他們拒絕接受絕大多數科學家的共識意見。

跟許多其他的議題一樣，歐威爾幾十年前就看到了這種思維的危險。在一九四三年發表的散文中，他寫道：「我們這個時代的獨特之處在於，拋棄了歷史可以真實書寫的觀念。以前的人刻意撒謊，或無意間扭曲了他們書寫的東西，或難以追求真理，深知他們一定會犯許多錯誤；但在前述的每個情況中，他們都相信『事實』是存在的，而且或多或少是可以發現的。」[21]

他接著寫道：「極權主義所摧毀的，正是這種共識的共同基礎，它暗示人類都是同一種動物。納粹理論明確地否認『事實』的存在。例如，沒有『科學』這種東西，只有『德國科學』、『猶太科學』等等。」歐威爾指出，當真相如此支離破碎、如此相對時，就為「某個領袖或某個統治派系」敞開了一條道路，讓他們來決定該相信什麼：「如果領導人說某某事件『從未發生過』，那麼，它就是從未發生過。」

那些試圖為顯然不可信的理論爭取認可的人（以大屠殺的修正主義者為例，

他們試圖粉飾整個歷史篇章），濫用了後現代主義的論點（所有的事實都是片面的）。學者戴伯爾・莉絲黛（Deborah E. Lipstadt）在《否認大屠殺》（*Denying the Holocaust*）一書中指出，解構主義的歷史「可能大幅改變既定事實代代相傳的方式」[22]，它可能培養出一種知識氛圍，在那種氛圍中，「任何事實、事件、歷史的面向都沒有固定的意義或內容。任何真相都可以重述，任何事實都可以改寫，根本沒有終極的歷史現實。」

後現代主義不僅否定了一切後設敘事，也強調語言的不穩性。後現代主義的創立者之一賈克・德希達於一九七〇年代和八〇年代在美國校園裡聲名大噪，這主要歸功於保羅・德曼（Paul de Man）、希利斯・米勒（J. Hillis Miller）等門徒的宣傳。德希達使用「解構主義」這個詞來形容他開創的那種文本分析，那種文本分析不僅適用於文學，也適用於歷史、建築、社會學。

解構主義認為，所有的文本都不穩定、複雜到不可還原，讀者和觀察者會賦予文本千變萬化的意義。它把焦點放在文本可能存在的矛盾和含糊之處（並以刻意混雜造作的文字來闡述那些論點），宣揚一種極端的相對主義，其寓意最終是虛無的：也就是說，任何東西都可能意味著任何事物；作者的意圖並不重要，其實沒有人看得出來他的意圖；明顯或常識性的閱讀並不存在，因為任何東西都有無限的意義。簡言之，事實並不存在。

誠如大衛．勒曼（David Lehman）的精闢著作《時代的跡象》（*Signs of the Times*）所述，一九八七年德曼的醜聞爆發時，解構主義批評者的最大懷疑獲得了證實，解構主義者的理論基礎是用來捍衛那些站不住腳的說法[23]。

德曼是耶魯大學的教授[24]，也是解構主義最耀眼的明星之一，在學術界吸引了近乎狂熱的追隨者。學生與同事都說他是才華橫溢、充滿個人魅力的迷人學者。他逃離納粹歐洲後，移民到美國。他暗示，在納粹歐洲，他曾是比利時反抗軍（Belgian Resistance）的成員。然而，伊芙琳．巴瑞許（Evelyn Barish）所寫的傳記《德曼的雙面人生》（*The Double Life of Paul de Man*）卻勾勒出另一種截然不同的樣貌[25]：一個毫無悔意的騙子——機會主義者、重婚者、嚴重的自戀者，曾在比利時因詐欺、偽造、篡改紀錄而遭到定罪。

最令人震驚的消息，是在他過世四年後（一九八七年）揭露的[26]：一位年輕的比利時研究員發現，德曼在二戰期間為比利時一份親納粹的出版品《晚報》（*Le Soir*）寫了至少一百篇文章，那份出版品支持惡毒的反猶太主義，並在一篇社論中宣稱：「我們絕不與他們雜交，並決心在精神上擺脫他們在思想、文學、藝術等領域那些傷風敗俗的影響。」[27]

在德曼為《晚報》寫的一篇惡劣文章中，他主張「猶太作家向來是次等的」[28]，因此未能對當代歐洲文明的演變產生「壓倒性的影響」。他寫道：「由此可見，解決猶太人問題的方案若是促成一個與歐洲隔絕的猶太殖民地，那對西方的文學生活來說，並不會產生令人遺憾的後果。總體而言，它會失去一些價值平庸的人物，並像過去一樣，持續按照更高的進化法則發展。」

德曼那些通敵賣國的文章曝光後，消息席捲了學術界。有些學者懷疑德曼那些可恥的祕密過往是否促成他的解構主義理論——例如，他主張「考慮作家的實際存在及歷史存在根本是浪費時間」[29]。

更令人不安的是，德曼的一些捍衛者（例如德希達）試圖使用解構主義的原則來解釋德曼的反猶太文章，暗示他的文字其實顛覆了表面的意思，或他的文字本身存在著太多模稜兩可的意思，無法確立其道德責任[30]。

勒曼引用了一位德曼崇拜者的說法。那個人試圖辯稱，德曼對猶太作家的評論是一種「諷刺」失靈的例子。他說那篇文章在「談及猶太人的段落中，是採用一種超然的嘲諷語氣。而且嘲諷的對象顯然不是猶太人，而是反猶太主義者」[31]。換句話說，那位崇拜德曼的作家是在暗示，德曼的意思與他在《晚報》專欄所寫的內容截然相反。

儘管解構主義者喜歡採用充滿術語的散文及炫技的語法，但他們採用的一些術語——例如「文本的不確定性」、「另類認知方法」、語言的「語法不穩定」——感覺很像川普的助手最近用來解釋川普的謊言、立場反覆無常、毫無誠信的承諾時所用的措辭，只是解構主義者的用詞比較矯揉造作。例如，川普政府的一位代表告訴日本首相安倍晉三的顧問，他們不必「從字面去理解川普公開說的每個字」[32]。川普的前競選總幹事科瑞·萊萬多夫斯基（Corey Lewandowski）聲稱，媒體的問題在於，「你們從字面去理解川普說的一切，但美國人民不會那麼做」[33]。

第三章　「自我」與主觀性的興起

「我們的主觀性完全是我們自己的。」[1]

——導演史派克・瓊斯（Spike Jonze）

學術界擁抱後現代主義的同時，克里斯多夫・拉許（Christopher Lasch）所謂的「自戀文化」以及湯姆・沃爾夫（Tom Wolfe）有名的「自我的時代」（Me Decade）在一九七〇年代蓬勃發展——這兩位作家把鑽牛角尖、自我滿足、渴求關注的浪潮歸因於截然不同的因素。

拉許把自戀視為對社會變化與不穩定的一種防禦反應——在一個充滿敵意

及威脅的世界裡尋求第一。在一九七九年的著作《自戀的文化》（*The Culture of Narcissism*）中，他認為，美國飽受一種憤世嫉俗的「自身保存和精神存活（psychic survival）的倫理[2]」之苦——這是一個國家正努力應對以下種種現象的症狀：越戰失敗、悲觀情緒日益嚴重、大眾傳媒文化聚焦於名人和名聲、離心力縮小了家庭在文化傳播中所扮演的角色。

拉許寫道，自戀的病人日益成為這個自私時代的象徵，他們常經歷「強烈的憤怒情緒[3]」、「內在空虛感」、「無所不能的幻想，並堅信自己有權剝削他人」。這種病人可能是「混亂又衝動的」，「渴求他人的欽佩，卻又鄙視那些在他操弄下而欽佩他的人」。他們之所以想要遵循「社會規則，主要是出於對懲罰的恐懼，而不是出於內疚」。

與拉許不同的是，沃爾夫把一九七〇年代暴增的「我……我……我」視為一種比較快樂、享樂主義的發展——戰後經濟蓬勃所推動的一種階級解放行動。經濟蓬勃發展使勞動階級與中產階級有閒暇時間與可支配所得，可以去追求一度僅限貴族獨享的虛榮活動——對光鮮亮麗的自我進行「改造、重塑、提升、潤飾」[4]。

時序進入二十一世紀後，經濟時代變得比以前黑暗，但沃爾夫和拉許描述的那種自戀仍是西方生活的持久特徵，從一九七〇年代的「自我的時代」延續到金．卡戴珊（Kim Kardashian）與肯伊．威斯特（Kanye West）夫婦的「自拍」時代。社群媒體進一步加速了哥倫比亞大學法學院教授吳修銘（Tim Wu）所謂的「精心包裝的自我[5]」的崛起，以及「藉由賣弄自我來吸引他人注意」的衝動。

當大家如此積極地接納主觀性時，客觀事實的弱化也隨之而來。大家開始頌揚：意見勝於知識、情感勝於事實——這個發展同時反映及促進了川普的崛起。

有三個例子為證。第一個：有人指控川普誇大個人的財富。二〇〇七年在法庭證詞中，川普被問及其淨資產有多少。他回答，視情況而定：「我的淨資產是波動的。它會隨著市場、外界的態度與感受，甚至我自己的感受而上下波動。」[6]他補充說，那取決於他「被問及這個問題時的整體態度」。

第二個例子：川普被問及他是否曾就俄羅斯干預總統大選一事詢問過普丁時，他回答：「我認為他覺得他和俄羅斯都沒有干預選舉。」[7]

第三個例子：在二〇一六年的共和黨全國代表大會上，CNN主播艾莉薩．

卡默蘿塔（Alisyn Camerota）詢問前眾議院議長紐特・金瑞契（Newt Gingrich）對於川普暗黑的排外主義演講有何看法。川普在演講中錯把美國描繪成一個飽受暴力及犯罪困擾的國家。沒想到，卡默蘿塔竟然遭到金瑞契的厲聲反駁，他說：「我理解妳的觀點。目前的觀點是，自由主義者有一套理論上可能正確的統計資料，但那和民眾的觀感不符。現在大家都嚇壞了，覺得政府拋棄了他們。」[8]

卡默蘿塔指出，那些犯罪統計資料不是自由主義者的統計數據，而是來自聯邦調查局（FBI）。

於是，他們出現以下對話：

金瑞契：「但我說的也一樣正確，大家感受到了。」

卡默蘿塔：「沒錯，大家感覺到了，但事實無法佐證。」

金瑞契：「身為政治候選人，我相信的是人民的感受，妳大可相信理論家的說法。」

美國人短視地把注意力集中在自我追求上——有時忽視了自己的公民責任——

其實不是最近才有的現象。《民主在美國》（*Democracy in America*）的成書時間，比大家開始用臉書和Instagram發布自拍照，以及網際網路開始把大家隔離成壁壘分明的同溫層早了一個半世紀以上。作者阿勒克西・德・托克維爾（Alexis de Tocqueville）指出，美國人習慣「退縮到小型的私人社群裡，那些小團體因環境、習慣、習俗的相似而聚在一起[9]」，以便「盡情享受私生活的樂趣」。他擔心這種自我陶醉會減少大家對更大社群的責任感，使一國的領導者有機會實施柔性專制主義（soft despotism）——不施行暴政，而是「壓迫、削弱、噤聲、愚弄人民」，直到人民「變成一群膽小勤奮的動物，而政府成為這群動物的牧人」。托克維爾預測，這是物質主義的社會可能付出的代價。在這個社會裡，人們過於專注追求「瑣碎的快樂，縱情享樂」，而忽視了他們的公民責任。他寫道，很難想像，這些「已經完全放棄自治習慣的人，如何妥善選出治理他們的人」。

在二十世紀中期，追求自我實現在反主流文化與既有的體制中都明顯暴增。早在伊沙蘭靈修（Esalen）和艾哈德研討訓練（EST）出現以前，以及一九六〇年代和七〇年代吸引那些致力擴大意識的嬉皮和新時代探索者的會心團體

（Encounter group）出現以前，有兩位頗具影響力的人物，他們的自我實現理論比較偏向物質享樂主義，對政治家和郊區的扶輪社員更有吸引力。牧師諾曼・文生・皮爾（Norman Vincent Peale）以推銷昌盛福音著稱，而有「上帝的推銷員」之稱號[10]，他著有一九五二年的自助暢銷書《向上思考的祕密》（*The Power of Positive Thinking*），深受川普的父親弗雷德的景仰。年輕時期的川普把這位知名牧師所傳授的自我實現，以及運用心智力量來創造自己的現實等作法加以內化。皮爾寫道：「我們面臨的事實，無論多麼棘手，甚至看似無望，都不如我們對那個事實的態度來得重要。[11]」他似乎在宣揚成功的教義時，也同時宣揚否認的教義，「自信和樂觀的思維模式可以完全改變或克服事實。」

川普也很推崇艾茵・蘭德（Ayn Rand）[12]，多年來，《源泉》（*The Fountainhead*）是少數他提到很喜歡的小說之一[13]。蘭德主張交易型的世界觀，把成功視為美德，自豪地擁抱無拘無束的資本主義，因此好幾個世代的政客都對她大為推崇，包括保羅・萊恩*（Paul Ryan）、蘭德・保羅†（Rand Paul）、榮・保羅‡（Ron Paul）、克拉倫斯・托馬斯§（Clarence Thomas）。她認為自私是美德，認為人的「最高道德目的」[14]是「追求自己的幸福快樂」。這些論點與川普的零和世界觀及肆無忌憚的自戀產生了共鳴。

一九六〇年代與七〇年代，西方世界經歷了文化動盪及後續的餘波，藝術家不知道該如何描述這種分崩離析的現實。有些作家開始創作有自我意識的後現代主義小說，他們對形式和語言的重視更勝於傳統的敘事，例如約翰・巴思¶（John Barth）、唐納・巴塞爾姆**（Donald Barthelme）、威廉・蓋斯††（William Gass）等作家。有些作家模仿瑞蒙・卡佛（Raymond Carver）那種極其簡練的風格，採用簡

---

* 前美國眾議院議長。

† 美國參議員。

‡ 前美國眾議院議員。

§ 美國最高法院大法官。

¶ 美國小說家，一般認為其小說有後現代主義和超小說的性質。

** 美國後現代主義小說家。

†† 美國小說家、哲學教授。

約的寫作方法，創作精簡、聚焦明確的小說。隨著追求更廣泛的事實在學術界變得益發不合時宜，以及日常生活感覺日益漂泊不定、失去重心，一些作家選擇聚焦於最細微、最私人的事實：他們只寫自己。

美國的現實變得非常混亂，以至於菲力浦・羅斯（Philip Roth）在一九六一年（沒錯！是一九六一年！）的文章中寫道，在這種世道下，「自己的想像力顯得貧乏，十分尷尬[15]」。這導致「小說家對我們這個時代一些更宏大的社會與政治現象失去了興趣」，並像他那樣，退回比較容易了解的自我世界。

一九八九年，沃爾夫寫了一篇備受爭議的文章。他在文中哀嘆這些發展，他覺得這表示老派的現實主義在美國小說中消亡了，並為此感到哀傷。他呼籲小說家「走進我們這個狂野、奇異、無法預測、瘋狂浮誇的國家，把現實主義找回來，作為文學資產」[16]。他自己在《虛榮之火》（*The Bonfire of the Vanities*）和《完人》（*A Man in Full*）等小說中試著這樣做了。他在小說中運用自己身為記者的技巧，以類似巴爾札克的細膩風格，描繪出多元的次文化。然而，儘管沃爾夫在一九七〇年代是「新新聞主義」（強調記者的聲音和觀點）的有力倡導者，他那番新宣言並未在文學界獲得許多響應。相反地，露意絲・艾芮綺（Louise Erdrich）、大衛・米契爾（David Mitchell）、唐・德里羅（Don DeLillo）、朱利安・拔恩斯（Julian Barnes）、恰克・帕拉尼克（Chuck Palahniuk）、吉莉安・弗琳（Gillian Flynn）、蘿倫・葛洛芙（Lauren Groff）等截然不同的作家，嘗試數十年前福克納（Faulkner）、吳爾芙（Woolf）、福特・麥鐸斯・福特（Ford Madox Ford）、納博科夫（Nabokov）等創新者所開創的手法（例如多視角、不可靠的敘事者、交織的故事情節），試圖捕捉類似羅生門的新現實。在那種現實中，主觀性才是關鍵。套用前總統柯林頓的出名說法，真相「取決於is這個字怎麼解釋」*[17]。

但是，對許多作家來說，羅斯所謂「自我的純粹事實；不可侵犯、強大又勇敢的自我理想；自我是虛幻環境中唯一的真實事物」[18]，仍是他們習慣書寫的範疇。事實上，這促成二〇〇〇年以來回憶錄書寫的熱潮，包括瑪莉・卡爾（Mary Karr）的《大說謊家俱樂部》（*The Liars' Club*）、戴夫・艾格斯（Dave Eggers）的《怪才

---

* 這句話出自柯林頓為陸文斯基案回應檢察官的狡辯詞。

的荒誕與憂傷》（*A Heartbreaking Work of Staggering Genius*）之類的經典作品——這些作品確立了作者在他們那個世代的領先地位。

二〇〇〇年代初期，回憶錄書寫的熱潮及部落格書寫的流行，在卡爾．奧韋．諾斯加德（Karl Ove Knausgaard）出版六卷自傳體小說時，達到了顛峰。那套書充滿了細膩入微的描寫，取材皆來自作者的日常生活。這段期間，也有許多自我放縱、過於浮誇的作品，那些作品收錄在作者的私人日記或社群媒體上，可能比出書來得恰當。詹姆斯．傅萊（James Frey）的暢銷書《百萬小碎片》（*A Million Little Pieces*）就是這種自溺書寫的歸謬法。那本書是以回憶錄的模式販售，但二〇〇六年一月「確鑿證據」（Smoking Gun）網站報導：「關於他所謂的犯罪生涯、坐牢、以及在『三個州遭到通緝』的逃犯身份，有許多細節是完全捏造的或過度誇飾[19]。」傅萊之所以會有這種自我誇大的行為，似乎是想讓自己成為一個比實際更惡名昭彰的人物（大概是為了讓後續「浪子回頭」的典型故事更令人印象深刻）。後來他坦承，「確鑿證據」網站所報導的「多數內容都是對的」[20]。有些讀者對於自己買到造假的東西感到憤怒，對他們來說，傅萊的書是一場騙局，完全否定了回憶錄理當體現的特質——誠實、真實、坦率。不過，也有一些讀者對於事實與虛構的區別毫不在意。從他們的反應可以看出，大家對模糊的事實界線已經習以為常。

隨著客觀事實的概念遭到輕忽，以及傳統研究收集的實證受到懷疑，個人見證也在大學校園裡風行了起來。學界人士開始在學術論文的序言中探究自己的「定位」——探究他們的種族、宗教、性別、背景、個人經歷可能會影響或扭曲自己的分析，或使其分析獲得認可。一九九四年，亞當・貝格利（Adam Begley）在《通用語》（*Lingua Franca*）雜誌上報導，這種新型「自我批評」的支持者開始撰寫完整的學術自傳。他指出，這種撰寫自傳的趨勢可追溯至六〇年代那些早期的女權意識覺醒團體，而且這個趨勢經常「與多元文化主義一起傳播：關於少數族裔經歷的新聞，往往是以第一人稱單數的形式呈現。同性戀研究和酷兒理論也是如此」[21]。

學者萊斯里・海伍德（Leslie Heywood）在一九九六年的著作《致力饑餓》（*Dedication to Hunger: The Anorexic Aesthetic in Modern Culture*）中[22]，以親身經歷（例如自己的厭食症、與已婚男人有染的羞恥關係）來類比厭食症與現代主義。這種方法把艾略特（T. S. Eliot）《荒原》（*The Waste Land*）那樣的傑作，矮化成反女性、反肥胖美學的個案研究。

個人故事或目的也開始出現在傳記中[23]。傳記不再只是記錄他人生活的簡單編年史，而是變成宣告理念（諾曼·梅勒〔Norman Mailer〕的《畢卡索的年輕側寫》〔*Portrait of Picasso as a Young Man*〕）、女權主義論戰（弗朗辛·杜·普萊西克斯·格雷〔Francine du Plessix Gray〕的《憤怒與火焰》〔*Rage And Fire*〕，描述福樓拜的情婦路易絲·柯蕾〔Louise Colet〕）、解構主義練習（佩奇·貝蒂〔S. Paige Baty〕的《美國夢露》〔*American Monroe: The Making of a Body Politic*〕）的平台。

《道奇*：雷根回憶錄》（*Dutch: A Memoir of Ronald Reagan*）可說是最荒謬的傳記書寫。那是雷根的御用傳記作家艾德蒙·莫利斯（Edmund Morris）於一九九九年出版的書，後來大家發現該書內容混合了事實與幻想，令人費解。書中有一個虛構的敘事者，他比莫利斯大二十八歲，據說他年輕溺水時，被未來的總統救了起來。莫利斯並未善用他可以輕易接觸現任總統及其個人檔案的絕佳優勢，為第四十任美國總統寫下詳細的生平（或處理伊朗門事件†、冷戰結束等重要議題），而是以庸俗的筆調，描述那個虛構的敘事者及其虛構的家庭，以及他虛構或半虛構的希望和夢想。莫利斯解釋，他之所以採用這種方式，是因為他意識到自己對傳記主角「一無所知」[24]（他連傳記作家最基本的職責都做不到），也因為他想實現自己的藝術抱負，他宣稱：「我想把雷根寫成文學作品。」他還說，他使用虛構的敘事者是「傳記誠實書寫的一種進步」，藉此提醒讀者所有的寫作都涉及主觀因素。

這個論點呼應了珍妮·馬康姆（**Janet Malcolm**）自圓其說的觀點。她於一九九四年出版的《沉默的女人》（*The Silent Women*）是描述希薇亞·普拉絲（**Sylvia Plath**）和泰德·休斯（**Ted Hughes**）兩人，內容非常偏頗。她在書中暗示，所有的傳記作家都跟她一樣鄙視公平與客觀——這是虛假的斷言，因為她沒有用心權衡或評估書中的內容，而是寫了一封很長的粉絲信給休斯，讚揚他的文學天賦、外貌魅力、「過於誠實」。她寫到她「對休斯的柔情蜜意」[25]，還寫到她讀休斯的一封信

---

* 雷根的父親為雷根取的小名。

† 發生在八〇年代中期的政治醜聞。雷根政府向伊朗祕密出售武器一事遭到揭露後，造成嚴重的政治危機。

時，感覺到她「對其手稿的認同，昇華成對該信執筆者的強烈共鳴與愛慕之情」。

後現代主義主張，所有的事實都是片面的，也取決於一個人的視角。這個論點促成了另一個相關的論點：了解或描述一個事件，有許多合理的方式。這種論點不僅鼓吹更平等的討論，也讓以前被剝奪權利的人有機會發聲並獲得聆聽。但是這個論點也遭到一些人的濫用，有人想藉此主張一些冒犯他人或已經被拆穿的理論。或是把一些不能等量齊觀的事物相提並論。例如，「神造天地論」者要求學校在傳授演化論的同時，也教「智能設計論＊」（intelligent design）。有些人主張：「兩者都要教。[26]」還有一些人主張：「要教爭議所在。[27]」

川普也用過這種「兩邊都有理」的論點。他試圖等同看待那些反對白人至上主義的示威者，以及聚集在維吉尼亞州夏律第鎮（Charlottesville）抗議拆除南部邦聯雕像的新納粹主義者。他宣稱：「兩邊都有很好的人。[28]」他還說：「現在多方面、多邊都展現出惡劣的仇恨、偏執與暴力，我們對此做出最嚴厲的譴責。」

那些否認氣候暖化、反對疫苗接種，以及其他毫無科學論據的團體，隨意使用大學的解構課上經常出現的詞語，諸如「多方面」、「不同觀點」、「不確定性」、「多種認知方式」等。誠如娜歐密・歐蕾斯柯斯（Naomi Oreskes）和艾瑞克・康威（Erik Conway）在二〇一〇年出版的《販賣懷疑的人》（*Merchants of Doubt*）中所言[29]，右派的智庫、化石燃料業以及其他企業利益，為了讓大家對科學產生懷疑（無論是氣候變遷的真相，或石棉、二手菸、酸雨的危害），採用了菸草業率先使用的伎倆（以混淆大眾對抽菸危害的看法）。一九六九年，一位菸草業的高管在一份後來出名的備忘錄中寫道：「懷疑正是我們販售的商品，因為那是與大眾心中的『事實主體』競爭的最好方法。[30]」

基本上，這個伎倆是這樣運作的[31]：找幾個所謂的專業人士來反駁已經確立的科學研究，或爭辯說還需要做更多的研究；把那些錯誤的論點轉變成熱門的討論話題，並一再地重複；對真正的科學家發動攻擊。如果各位覺得這個伎倆看起來很眼熟，那是因為川普和他的共和黨盟友發現他們的政策與專家的評估及全國的民調背

---

* 對神之存在的宗教性邏輯論證。

道而馳時，他們一直是採用這種伎倆來為那些政策辯護。從槍支管控到美墨邊境築牆的提案都是如此。

歐蕾斯柯斯和康威認為，主流媒體也助長了這種「菸草策略」[32]，因為那些媒體「給予少數派觀點的信任，通常比少數派應得的信任還多」。這種虛假的一視同仁態度，是下列幾個因素造成的[33]：記者把「平衡視聽」誤解成「講述真相」，把「假中立」誤解成「講求準確」；媒體屈服於右派利益團體的施壓，那些團體要求媒體呈現「雙方的意見」；電視新聞節目的形式，是讓對立的觀點進行辯論——即使一方代表壓倒性的共識，另一方的觀點完全不受主流科學界的認可。例如，二〇一一年，BBC信託（BBC Trust）發布的報告指出，在人為造成的氣候變遷方面，BBC的科學報導「過於關注一些邊緣的觀點[34]」。或者，誠如《每日電訊報》的一則新聞標題所述：「BBC工作人員接獲通知，勿再邀請怪咖上科學節目」[35]。

在一場有關新聞自由的演講中，CNN的首席國際特派員克莉絲汀．艾曼普（Christiane Amanpour）以媒體報導二〇一六年總統大選為例，提及這個議題。她指出：

我在海外，跟許多人一樣，我承認這場大選令我震驚：我看到大家以異常高的標準來檢視一位候選人，卻以異常低的標準來檢視另一位候選人。許多媒體在試圖區分平衡、客觀、中立，以及最重要的真相方面，似乎陷入了迷惘，混淆不清。

我們不能再沿用舊有的模式了，例如，當九九・九％的科學實證都指出全球正在暖化時，我們不能再以中立之名，給予極少數的暖化否認者同等的對待。

很久以前，我報導波士尼亞的種族清洗和種族滅絕時學到，永遠不要等同對待受害者及加害者，永遠不要製造虛假的道德或對等的事實，因為那樣做就變成最惡劣的罪行與後果的幫兇。

我相信真實，而不是中立。我認為，我們必須停止貶抑真相。

第四章　現實的消失

「我想對現實的錄影帶動手腳嗎？
如果想，那是為什麼呢？
因為，他認為，如果我掌控了那個，就掌控了現實。[1]」
——科幻小說家菲利普・狄克（Philip K. Dick），〈電蟻〉（The Electric Ant）

「超現實」與「混亂」已經變成記者每小時都會提到的詞彙，他們試圖以這些詞彙來描述二〇一〇年代的美國日常現實。在這個年代，美國每天有十九個孩子命喪槍下[2]；美國總統和北韓的金正恩玩著核武的「懦夫賽局*」；人工智慧引擎會寫詩與中篇小說；區分惡搞媒體《洋蔥報》（*The Onion*）的新聞頭條和CNN的新聞頭條愈來愈難了。

川普令人精神錯亂的總統任期，代表著現實扭曲中的某種顛峰。人們知道的事實與政客告知的事情不符，常識也與世界運轉的方式脫節，大家對這一切感到愈來愈迷惘。然而，這種迷惘的感覺可追溯到一九六〇年代，當時社會開始四分五裂，官方敘事（由政府、當權體制、精英所提供）開始崩解，新聞的週期開始加速。一九六一年，羅斯在談到美國現實時寫道：「它讓人目瞪口呆、噁心、憤怒。[3]」他抱怨道，每天的報紙「令人又驚又懼：這可能嗎？真的發生了這種事嗎？當然，那還會伴隨著噁心又絕望的感覺。賄賂、醜聞、瘋狂、背叛、愚行、謊言、偽善、噪音……」。

羅斯認為，現實超越了小說家的想像，而且現實世界裡還有理查・尼克森（Richard Nixon）和羅伊・科恩†（Roy Cohn）等讓任何小說家欣羨不已的人物。半個多世紀以後，川普時代的諷刺作家及間諜驚悚小說家也覺得羅斯當年的看法頗有道理。此外，羅斯指出，小說家在處理一個他們覺得困惑的世界時，難以發揮天馬行空的想像力。這個說法有助於解釋為什麼新聞業——尤其是沃爾夫所謂的「新新聞主義」——在捕捉一九六〇年代的生活樣貌時，開始超越小說。《君子》（*The Esquire*）雜誌把文章選集貼切地命名為《微笑度過世界末日》（*Smiling through the Apocalypse*）就是一大證明（該文集收錄了諾曼・梅勒〔Norman Mailer〕、邁克・赫爾〔Michael Herr〕、蓋・塔雷斯〔Gay Talese〕等作家的經典雜誌散文）。

政客老愛歪曲事實，但電視以及後來出現的網際網路為他們提供了撒謊的新平台。一九八〇年代共和黨的策略家李・艾特華特（Lee Atwater）提出「觀感即現

---

* 賽局理論中兩個玩家對抗的模型。在一場比賽中，兩部車相向而行，在即將相撞之際，先轉向的人就輸了比賽，稱為懦夫。在這個衝突情境下，最差的情況是沒人願意退讓，雙方車毀人亡。次差的情況是，選擇當懦夫保住自己的性命，但對方可能予取予求。最大的勝利者，則是自始至終都毫不畏懼的非理性參賽者，他讓對方知道：你要嘛與我同歸於盡，要嘛就當懦夫讓步。非理性的參賽者無往不利，簡言之就是「不要命的最大」。

† 曾為美國總統川普的導師和個人律師。

實」[4]時，直言不諱地闡述了一種有關人類心理的見解。那是荷馬（Homer）把奧德修斯（Odysseus）塑造成一個詭計多謀、善於欺騙和偽裝的騙子時，就非常了解的見解。但艾特華特冷血地使用那句話[5]，利用挑撥離間的問題來推動共和黨的南方選戰策略，並在一九八八年的總統大選中製造出惡名昭彰的威利・霍頓（Willie Horton）廣告*。他的作法為美國的主流政治注入了一種為了求勝、不惜一切代價的駭人風格，並利用大眾媒體作為傳播系統。

近三十年後的今天，川普把移民塑造成霍頓的角色，甚至還走回頭路，把隱喻式的種族歧視換成喬治・華萊士†（George Wallace）那種更公然的種族歧視與詭辯。與此同時，他也本能地意識到，網路推動的新局勢以及選民對議題的日益無知，使他更容易藉由宣傳「另類現實」這種黏度高、又容易在網路上瘋傳的敘述，來利用選民的恐懼和怨恨。他也加強打擊新聞業，把他們的報導貶抑成「假新聞」，並咒罵記者是「全民公敵」——列寧和史達林也曾用過這種令人不寒而慄的說法。

川普不僅不假思索、無恥地撒謊，而且那成千上百則謊言也構成了同樣虛假的故事情節，以訴諸人民的恐懼。他把美國描述成一個飽受犯罪困擾的國家[6]（事實上，犯罪率是處於歷史低點，不到一九九一年高峰值的一半）。他也把美國形容成飽受暴力移民潮侵襲的國家（事實上，研究顯示，移民從事暴力犯罪的機率比美國出生的公民還低）。他主張移民是國家的負擔，移民應接受更仔細的審查（事實上，二〇〇〇年以來，美國榮獲諾貝爾獎的七十八位得主中，有三十一位是移民。移民和他們的孩子幫忙創建了約六〇%的美國頂尖科技公司，總計價值近四兆美元）。簡言之，川普認為，美國是一個深陷困境、亟需救世主的國家。

早在從政之前[7]，川普就把謊言當成商業工具。他聲稱自己的旗艦大樓川普大

---

* 該廣告把民主黨的總統候選人麥可·杜卡基斯（Michael S. Dukakis）與一項監獄歸休計畫（受刑人在監表現優良或遭遇重大事故，經監獄官同意下，獲准他於一定期間內返家探視的制度）相連，而導致杜卡基斯競選失利，輸給老布希。霍頓因謀殺罪被判無期徒刑，但獲准歸休或並未如期返監，還犯下很多罪行。

† 在一九六〇年代的黑人民權運動期間，華萊士代表民主黨的南方白人保守勢力及種族主義，曾為阻擋阿拉巴馬大學開放黑人入學而擋住校門。

廈（Trump Tower）有六十八層樓高，但實際上只有五十八層。他也假扮成名叫約翰・巴倫（John Barron）或約翰・米勒（John Miller）的公關人員，以創造分身來吹噓自己（川普）的成就。他撒謊是為了自吹自擂，為了虛張聲勢以招攬生意，也是為了迎合他人的期待。對他來說，一切都是純粹的交易，最重要的是成交。

他從事房地產開發多年[8]，也是真人秀的明星，四處烙印自己的品牌（包括川普飯店、川普男裝、川普泉水、川普大學、川普牛排、川普伏特加、川普居家用品系列等等）。他就像多數成功的廣告商與宣傳者一樣，知道他只要讓琅琅上口的簡化口號頻繁地出現，就可以把商品和他的名字植入潛在顧客的腦海中。參選期間，他在造勢大會上發送「MAGA」（讓美國再次偉大）帽子。然而，早在數十年前，他就已經很擅長發動史學家丹尼爾・布爾斯丁（Daniel Boorstin）所謂的「偽事件」（pseudo-events），亦即為了「立即獲得報導或轉載，而策劃、安排或煽動的事件」[9]。

一九六二年，布爾斯丁出版了《圖像》（*The Image*）。那本書後來影響了許多作家的作品，從布希亞（Baudrillard）、居伊・德波（Guy Debord）等法國理論家，到尼爾·波茲曼（Neil Postman）、道格拉斯·洛西科夫（Douglas Rushkoff）等社會批評家都深受該書影響。那本書的出版早在卡戴珊家族（Kardashians）、奧斯朋一家（The Osbournes）、各種瘋狂主婦躍上電視螢幕之前，卻異常精準地預見了電視真人秀。在這方面，他預期會出現一個非常像川普的人崛起：套用布爾斯丁的說法，那是一個靠「知名度」[10]著稱的名人（川普甚至主持過一檔節目，名為《誰是接班人》〔*The Celebrity Apprentice*，直譯是「名人學徒」〕[11]）。

對現代的讀者來說，布爾斯丁對十九世紀劇團經理兼馬戲團老闆巴納姆（P. T. Barnum）的描述，可能聽起來出奇地耳熟：以「鬼話王子」自居[12]，他的「重大發現不是欺騙大眾有多容易，而是大眾只要樂得開心，就很樂於被騙」。巴納姆經營了一家紐約市的博物館，裡面充滿了詭異珍奇的收藏，包括狀似美人魚的假貨（後來發現那是把猴子的遺骸及魚尾縫在一起做成的）。

布爾斯丁在《圖像》中寫道，就像圖像取代理想一樣[13]，「可信度」也取代了真實。相較於一件事情是不是事實，大家更感興趣的是那件事是否「值得相信」。隨著逼真度取代真實變成衡量的標準，「讓事物看起來幾可亂真的藝術」成了「社會重視的藝術」。這也難怪一九六〇年代初期，麥迪遜大道上的廣告巨擘會成為在各界呼風喚雨的新霸主。

布希亞的看法則是更進一步，他認為在如今這種以媒體為中心的文化中，人們更偏愛「超現實」——亦即像迪士尼那種模擬或捏造的現實——而不是日常那種枯燥乏味的「現實沙漠」[14]。

波赫士（Jorge Luis Borges）、威廉・吉布森（William Gibson）、史坦尼斯勞・萊姆（Stanislaw Lem）、菲力浦・狄克、費德里柯・費里尼（Federico Fellini）等藝術家都努力處理類似的主題。在他們創造的故事中，真實與虛擬、現實與想像、人類與後人類之間的邊界模糊重疊，甚至崩解。在〈特隆、烏克巴、第三星球〉（Tlön，Uqbar，Orbis Tertius）這個故事中，波赫士描述「一個由天文學家、生物學家、工程師、形而上學家、詩人、化學家、數學家、道德學家、畫家、幾何學家所組成的祕密協會[15]」。他們發明了一顆未知的星球，名為特隆：他們為特隆想像出地理特質、建築樣貌、思維系統。特隆的零星特質開始出現在現實世界中：這裡出現人造的東西，那裡出現描述，而且在一九四二年左右，一切開始加速發展。最後，敘事者指出，特隆所教導的東西廣泛地傳播，以至於他小時候學到的歷史都已經遭到抹除，取而代之的是「虛構的過去」。

波赫士把特隆那些逐漸潛入人類意識的虛構力量，與那些以謊言為基礎來感染整個國家的政治意識形態的力量直接相提並論。他認為，這兩種力量都提供內在一致的敘事，吸引了渴望了解世界的人。波赫士寫道：「現實在不止一點上讓步。事實上，它渴望讓步。十年前，任何平衡的系統（只要表面看來很有秩序，例如辯證唯物主義、反猶太主義、納粹主義等等），都足以讓人著迷。受到特隆的魅力所惑，屈服於一個井然有序的星球所呈現的大大小小證據，有何不可呢？你回答現實也是井然有序，是沒用的。也許現實是井然有序的，但是根據神聖的法律（我覺得這可以轉譯成「不人道的法律」），我們永遠不會完全覺察到現實。特隆可能是一個迷宮，但那是一個人類策劃的迷宮，一個註定要由人類破解的迷宮。」[16]

湯瑪斯．品瓊（Thomas Pynchon）的小說也是探索相似的主題，而且在這個資訊超載的時代，他的小說更加貼近現實。他筆下的人物陷入精神上的暈眩，開始懷疑那些偏執狂的想法是否有道理（偏執狂認為，萬事萬物背後都有邪惡的陰謀及隱藏的動機把一切連在一起），或虛無主義者是否悟出了什麼關鍵（噪音中沒有訊息，只有混亂與隨機）。品瓊在《萬有引力之虹》（*Gravity's Rainbow*）中寫道：「即使偏執中有什麼令人放心的東西（比如宗教之類的），這世上仍存在著反偏執。在反偏執之中，任何東西都是互不相連的，那是很多人無法長久忍受的情況。」[17]

在二〇一六年的紀錄片《超正常化》（*HyperNormalisation*）中[18]，英國導演亞當・柯提斯（Adam Curtis）以表現派風格及蒙太奇手法，探索後真相時代的生活。該片的片名（似乎也暗指布希亞）是取自人類學家阿列克謝・尤夏克（Alexei Yurchak）自創的術語，尤夏克以那個詞來形容蘇聯崩解前最後幾年的生活。那時蘇聯民眾已經知道數十年來蘇聯政府向他們宣傳的東西有多荒謬，但難以想像其他的替代方案。《超正常化》於二〇一六年美國大選前不久，在BBC的iPlayer平台上放映。柯提斯在紀錄片中以旁白的方式表示，西方國家的民眾也不再相信政治人物多年來一直告訴他們的事情，於是川普意識到，「面對這種情況，你可以玩弄現實」，並在過程中「進一步破壞及削弱舊有的權力形式」。

川普的一些極右派盟友也試圖以自己的方式重新定義現實。在電影《駭客任務》（*The Matrix*）中，有人讓主角從兩顆藥丸中選擇一顆服下。紅藥丸代表知識和現實的嚴酷真相，藍藥丸代表催眠般的幻覺和否認。另類右派和一些憤憤不平的男權組織借用這個電影圖像，聲稱要「讓那些抱持主流思想的凡夫俗子吃下紅色藥丸[19]」，亦即說服那些人支持他們的理念。換句話說，他們要對那些人推銷他們那套顛倒是非的另類現實。在他們的另類現實中，白人遭到迫害，多元文化主義構成了嚴重威脅，男性一直受到女性的壓迫。

愛麗絲．馬威克（Alice Marwick）和麗貝卡．路易斯（Rebecca Lewis）做了一份網路假資訊的研究報告[20]。她們認為：「某些群體在某個問題上一旦服下了紅藥丸，他們就可能接受其他極端的想法。以前的網路文化比較沒有政治色彩，但如今網路上開始充斥著種族歧視的憤怒情緒。一些科幻小說、同人圈、遊戲社群在接受了常見的反女權觀點後，也開始支持白人民族主義的思想。一些原本帶有『諷刺意味』的納粹圖像及惡劣稱號，如今變成了刻意表達反猶主義的方式。」[21]

馬威克和路易斯指出，另類右派在網路上散播思想的一種伎倆，是一開始先把極端的觀點加以淡化，使它變成入門的觀點，以吸引廣泛的受眾。兩位研究者在報告中寫道，在一些年輕男性的群體中，「從拒絕政治正確，到把自己的問題全部歸咎於女性、移民或穆斯林，整個過程出奇地迅速。」[22]

許多厭女及白人至上主義的迷因（memes），以及許多類似「披薩門*」（Pizzagate）的假新聞[23]，最早是出現在4chan和Reddit之類的網站上，或是在這些網站上開始竄紅的。等到累積足夠的話題性之後，那些東西就會被轉貼到臉書和推特上傳播，並吸引到更多主流群眾的關注。蕾妮．迪雷斯塔（Renee DiResta）專門研究網路上的陰謀論，她認為Reddit是居心不良者（包括俄羅斯那樣的外國政府）測試各種迷因或假新聞的好地方[24]，他們可以在Reddit上先觀察那些訊息掀起多大的反應。

二〇一六年春季，迪雷斯塔警告，社群網路提供大家流行、熱門的消息，而不是精確或重要的新聞；社群網路的演算法正在助長陰謀論的傳播。這種非主流的內容會影響人們的想法，並滲透到公共政策的辯論中，例如疫苗接種、都市分區法規、飲用水加氟等議題。部分的問題在於社群媒體上的「熱情不對稱」[25]：迪雷斯塔指出，多數人不會花很多時間在網路上發文強調顯而易見的事情，但「狂熱的陰謀論者與極端分子會在網路上製造大量的內容，致力『喚醒愚民』」。

她補充提到，推薦引擎也幫陰謀論者認識彼此，使他們「不再只是盲目的鐵粉小圈圈，而是進入一個超厚的同溫層，在裡面體驗到他們自己的現實版本，並根據自己的事實運作」。她總結道，到了這個境界，「網際網路不再只是反映現實，而是塑造了現實」。

＊ 網路上流傳，有民主黨黨員利用華府一家披薩店作為戀童癖基地，並從事販賣人口的交易。主流媒體查證該則新聞純屬捏造，但一名男子依然持步槍闖入那家披薩店，開槍宣稱要親自調查，所幸無人傷亡。

第五章　語言的挪用

「沒有明確的語言，就沒有事實的標準。[1]」

——約翰・勒卡雷（John le Carré）

作家詹姆斯・卡羅爾（James Carroll）曾說：語言之於人類，有如水之於魚。「我們在語言中游動，用語言思考。活在語言中。[2]」這也是為什麼歐威爾寫道：「政治混亂和語言的衰退有關」[3]，文字本身與意義脫節時，領導者的真實意圖與其宣稱的目標之間便出現了一道鴻溝。這是為什麼在川普政府的連串謊言，以及川普利用語言散播不信任與紛爭之下，美國社會和全世界都感到迷惘困惑的原因。這也是為什麼古往今來的專制政權會挪用日常語言，以便掌控人民的溝通方式，也掌控他們的想法——歐威爾《一九八四》中的真理部正是採用這種方法[4]，以否認外部現實的存在，並捍衛老大哥絕對正確的地位。

歐威爾的「新語」（Newspeak）是虛構的語言，但該語言常反映及諷刺蘇聯與東歐的共產主義當權者強加在人民身上的「僵化語言」。法國學者弗朗索瓦絲·托姆（Françoise Thom）在一九八七年的論文〈僵化語言〉（La langue de Bois）中指出[5]，僵化語言的特徵包括[6]：抽象及迴避具體的表述；同義反覆（例如「馬克思的理論之所以是真理，是因為它們是正確的。」）；糟糕的比喻（例如「法西斯章魚已經唱了天鵝之歌*」）；二元論把世界分成善惡兩類（之間沒有灰色地帶）。

一九四九年，毛澤東的共產黨在中國取得政權不久，也採用語言改造計畫[7]，創造出一套新的政治詞彙：有些詞彙遭到壓抑，有些詞彙被賦予了新的含義；黨的口號藉由一再地重複，灌輸到民眾的大腦中。他們讓人民明白，無論是做研究報告，還是進行必要的自我批評，講話方式都有「正確」與「不正確」之分。

歷史上關於極權主義如何影響日常語言的最詳細敘述之一[8]，是德裔的猶太語言學家維多·克蘭普勒（Victor Klemperer）撰寫的，他在德勒斯登（Dresden）度過二次大戰，並倖存了下來。他留下一套特別的日記，裡面記錄了納粹統治下的德國生活（《我將作證至最終》〔*I Will Bear Witness*〕）。他也寫了一份研究報告（《第三帝國的語言》〔*The Language Of The Third Reich*〕），報告中探索納粹如何把詞彙當成「微量的砷」[9]，從內部毒害及顛覆德國文化。這本著作是一份令人痛心的個案研究，探索第三帝國如何把慣用語及句子結構「以重複上百萬次的方式，強行灌輸給人民，讓他們在不知不覺中全盤接受」，藉此「滲透到人民的血肉中」。那對其他的國家及後代子孫來說，也是一個警示故事，跟歐威爾的《一九八四》一樣令人不安。它讓大家知道，一個獨裁者可以多麼迅速及陰險地把語言變成武器，以壓抑人民的思辨力，煽動偏見，以及挾持民主。

克蘭普勒認為，希特勒身為演說家，還無法與墨索里尼相提並論[10]。他認為希特勒是個憤怒、沒有安全感的人，聲音聽起來很刺耳，也喜歡咆哮，所以他很訝異這位納粹領導人竟然可以匯集那麼多的追隨者。他把希特勒的成功歸因於他擅長繞

---

* 據傳天鵝臨終會引吭高歌，表示一切就此謝幕。

過其他的政客，直接接觸人民，而不是歸因於他那令人髮指的意識形態。希特勒說話時，常提到「Volk」（人民）這個字眼，也把他自己塑造成人民的心聲、救世主。他和戈培爾*（Goebbels）製造的大場面（其實是假事件）也幫了不少忙：克蘭普勒指出，希特勒演講時搭配的「橫幅、遊行、花環、號角、合唱等盛大場面」是一種有效的「廣告策略」，把元首與國家的鼎盛氣勢混為一談。

跟蘇聯及毛澤東時代的中國一樣，語言在納粹德國也經歷了一場不幸的蛻變。克蘭普勒寫道，「fanatisch」（狂熱的）這個字原本是指一種「令人畏懼及厭惡的特質」[11]，跟嗜血及殘忍有關，但後來卻變成「盛讚他人的修飾語」，喚起了壯大帝國所需的奉獻精神與勇氣等特質。「kampferisch」（好鬥、好戰的）這個字也變成了讚美詞，意指「透過防禦或攻擊來展現自信」。與此同時，「制度」這個詞則遭到蔑視，因為它與威瑪共和國（Weimar Republic）有關。納粹對威瑪共和國的鄙視，跟如今右派共和黨人對他們所謂「深層政府」的鄙視如出一轍。

希特勒的《我的奮鬥》（*Mein Kampf*）於一九二五年出版，克蘭普勒指出，這本書「從字面上確定了」[12]納粹講話與行文的「根本特質」。一九三三年，這種

「小圈子的語言變成了人民的語言」。那就好像另類右翼的暗語——他們用來識別同路人的隱語；他們種族歧視及厭女的污辱言辭——變成了主流用法，成為日常政治與社會談話的一部分。

克蘭普勒用整整一章的篇幅，來描述納粹對數字及最高級的癡迷——任何東西都一定要是最好、最大或最多的。克蘭普勒寫道，如果一個來自第三帝國的德國人去獵殺大象，他不得不吹噓「他是用世上最好的武器，殺死了世上最大的大象，而且數量多到難以計數」[13]。納粹宣稱的許多數字（比如殺死的敵軍人數、俘虜的人數、收聽造勢大會廣播的人數）都誇大得離譜，克蘭普勒說那些數字有如「天方夜譚」。一九四二年，他寫道：「希特勒在國會大廈說，拿破崙在俄羅斯奮戰時，當地的氣溫是零下二十五度，但他（指揮官希特勒）曾在零下四十五度打過仗，甚至在零下五十二度打過仗。」克蘭普勒寫道，那些謊言及吹噓後來變得「毫無意義，

---

* 擔任納粹德國時期的國民教育與宣傳部部長，擅長講演，有「宣傳天才」之稱，以鐵腕捍衛希特勒政權和維持第三帝國的體制。

完全無效，最終促成適得其反的結果，讓人相信完全相反的事情」。

川普的謊言如此極端，新聞媒體除了雇用許多事實查核人員以外，也不得不匯集整理他說過的謊話、講過的侮辱、違反的規範。他的無恥使他周遭的政客更加肆無忌憚地撒謊。例如，國會中的共和黨人公然謊報他們提出的稅賦法案可能對赤字及社會保障條款所造成的影響，就像他們也謊稱那個法案可以為中產階級帶來幫助一樣。實際上，該法案只是圖利企業與富人的賦稅優惠。

川普對語言的破壞，並不侷限於滔滔不絕的謊言。他也把魔手伸進了法治中固有的詞彙與原則，並以個人目的及政治偏見來污染那些語言。他這樣做時，把民主的語言與理想變成了專制的語言。他要求大家效忠他，而不是效忠美國憲法；他希望國會議員及司法部門支持他的政策和願望，不管他們認為什麼最符合美國人民的利益。

在其他的措辭方面，川普也耍了歐威爾書中提到的那些令人不安的把戲（「戰爭即和平」，「自由即奴役」，「無知即力量」[14]），以文字代表完全相反的意思。

他不只徹底顛倒「假新聞」這個詞的用法，指控那些他覺得有威脅性或批評他的新聞是「假新聞」，他也把美國對於俄羅斯干預選舉所做的調查稱為「美國政治史上最大的政治迫害」[15]，明明他才是那個一再攻擊媒體、司法部、聯邦調查局（FBI）、情報機構，以及其他單位的人。

事實上，川普有一個奇怪的習慣[16]，他喜歡以自己的錯誤去指控對手犯下那個錯誤，例如「騙子克魯茲」、「狡詐希拉蕊」、「瘋子桑德斯」。他指控希拉蕊「有種族偏見，有色人種在她眼中只是選票，而不是值得擁有更美好未來的人」。他也斷言「俄羅斯和民主黨之間有很大的勾結」。

在《一九八四》的新語中，像「黑白」（blackwhite）這樣的字眼有「兩個相互矛盾的意思」[17]：「這個字若是套用在對手身上，是指他習慣放肆地宣稱黑即是白，那跟顯而易見的事實完全相反。這個字若是套用在黨員身上，是指只要黨紀要求說黑即是白，他就會忠實地那麼說。」

川普政府的官員與共和黨議員的行為，也出現類似令人不安的現象。他們為川普撒謊，常發表藐視證據的聲明。事實上，從尚恩・史派瑟（Sean Spicer）接任白宮的新聞發言人以來，白宮就堅稱川普就職典禮上的人群是有史以來「規模最大的」[18]——該說法不僅公然否定了攝影證據，也被事實查核平台PolitiFact評選為「荒謬至極的謊言」。

記者瑪莎・格森（Masha Gessen）指出，川普之所以講這些謊言，原因與普丁撒謊如出一轍：「使權力凌駕於事實之上。」[19]以烏克蘭為例，格森在二〇一六年寫道：「即使有令人信服的明確證據，普丁依然非撒謊不可。而且每次他改口說出實話時，都不是在脅迫下坦承的：他講得很得意，甚至還會使用吹噓的肯定句型。那些話一起傳達了一個訊息：普丁的權力來自於他可以不顧事實，隨心所欲地說出想說的話。他是該國的總統，也是現實的主宰。」

在《一九八四》書中，黨與老大哥掌控現實的另一種方式是調整過去，使過去與他們的世界觀相符：「不僅每篇講稿、每項數據、每種紀錄都要不斷地更新，好讓黨對所有事務的預測都能準確無誤，而且絕對不能承認黨規或政治聯盟有任何改變，因為改變心意或甚至改變政策都等於承認自己的無能。例如，假設今天的敵國是歐亞國或東亞國（不管是哪一國），那個國家就一直是我國的敵人。如果事實並非如此，那些事實就必須更動，所以歷史要不斷地重寫。[20]」

請大家想想以下的情況：川普就職幾天後，白宮網站上的氣候變遷網頁就改變了。[21]與此同時，環保人士則是忙著下載及存檔政府的氣候資料——他們擔心那些資料可能遭到政府惡意地破壞、丟失或隱藏起來。有些擔憂在二〇一七年的稍晚確實發生了[22]，那時美國的環保署宣布其官網「正在修改，以反映該署新的運作方向」，其中還包括底下這句類似《一九八四》的措辭：「更新措辭以反映新任領導高層的作法。」

在能源部掌控的教育網頁上，有關可再生能源的措辭，被換成提倡化石燃料的措辭。連到歐巴馬政府二〇一三年氣候報告的連結，以及對聯合國氣候變遷會議的引用，也從美國國務院的網頁上消失了。

美國農業部（USDA）的工作人員接獲通知，他們在社群媒體上的發文必須經過川普政府的審查，以「移除那些提及前任政府的政策重點與計畫的文字」[23]。美國國家公園管理局轉發了一則推文，推文中有一張空拍照是比較川普就職典禮上的人潮與歐巴馬就職典禮上的人潮。國家公園管理局轉推了那則訊息後，局內的數位團隊就接獲通知，必須暫停使用推特。那則轉推的推文也迅速遭到刪除。

與此同時，川普仍持續對英語展開攻擊。他的語言表達毫無條理，充滿了扭曲的語法，說辭反覆，缺乏真誠，惡意滿滿，極盡煽動與誇張之能事。這種胡言亂語象徵著他自己製造及賴以蓬勃發展的混亂，也是他撒謊工具箱裡的重要工具。他的受訪內容、脫稿演說，以及推文裡混雜了侮辱、感歎、吹噓、離題、不合邏輯的推論、但書、譴責、暗諷——簡直就像一個惡霸試圖恐嚇、操縱、製造對立、尋找代罪羔羊。

對川普來說，措辭精準跟事實一樣，都是沒什麼意義的，那些難以翻譯其混亂語法的口譯員可以證明這點。NBC《會見媒體》（*Meet The Press*）的節目主持人查克．托德（Chuck Todd）指出，川普以總統候選人的身份上過該節目幾次。每次錄完節目後，他都會靠在椅背上，要求控制室在螢幕上重播他的畫面，而且不開音量。托德說：「川普只是想看拍得怎麼樣，他是以全程靜音的方式觀看。[24]」

他對拼字也一樣不在乎[25]。有一條出名的「covfefe」推文是這樣寫的：「儘管有持續不斷的負面新聞covfefe。」他形容中國扣押美國海軍的無人機是「unpresidented act（史無前例的行為，但unpresidented拼錯了）」。他也在推特上寫道：「身為第四十五任的美國總統，我很榮幸能夠為你們——偉大的美國人民——服務！（但他把honored拼錯了，拼成honered）」。當然，推特上的拼寫錯誤很常見，拼錯字絕對不是川普喜歡衝動發文最令人擔憂的一點。但是從這些錯字可以看出他的衝動、活在當下、無法思考後果的狀態。而且，他的拼字錯誤還會傳染。白宮發布一份總統出訪以色列的聲明，說他的目標之一是「促進持久和平的可能性（但peace〔和平〕誤植為peach〔桃子〕）」。白宮發布的新聞稿也曾拼錯川普提名的駐俄大使洪博培（Jon Huntsman Jr.）的名字，以及英國首相德蕾莎·梅伊（Theresa May）的名字。官方的就職海報上寫著：「夢想永不嫌大，挑戰永不嫌難。」（No dream is too big, no challenge is to〔應該是too〕great.）川普第一次國情咨文演講的入場券上印著：「向國會發表國情咨文」（Address to Congress on the State of the Uniom〔應該是Union〕）。或許這些小錯誤無傷大雅，但那也顯示政府大致上是粗心大意、功能失常的——傲慢地漠視準確性、細節、精確度。

大家把川普的推文視為美國總統的官方聲明[26]。將來總有一天，那些推文會被列印出來，裝訂成冊，然後由戴著白手套的人把它收藏在尊貴的總統圖書館裡。無論那些推文是為了轉移大家對俄羅斯調查的關注，還是渴望獲得關注的自戀者所發表的意識流鬼扯，還是為了讓大家習慣這種異常狀態的刻意操作，那些文字都在世界上產生了立即的後果，提高了美國與北韓之間的核武緊張關係，疏遠了許多國家和大陸，並撼動了二戰後的秩序。例如，川普轉推極右派組織「英國優先」（British First）的反穆斯林影片，結果遭到英國首相梅伊的嚴詞譴責，也使迄今為止處於邊緣地位的仇恨組織變成了主流。

他指控新聞業製造「假新聞」[27]，那導致俄羅斯、中國、土耳其、匈牙利等國進一步地打壓新聞自由，那些國家的記者以前就已經受到壓迫，如今的處境更加艱難。威權政體的領導人則是把川普對媒體的指控，視為他們可以否認媒體報導（例如侵犯人權及戰爭罪行）的藉口。國際特赦組織報導，二〇一一年到二〇一五年間，有多達一萬三千名囚犯在大馬士革外的軍事監獄遭到殺害。消息一出，敘利亞總統巴沙爾・阿薩德（Bashar Assad）便表示：「如今你可以偽造任何東西，我們是活在假新聞的時代。」在緬甸，軍方正在對長期遭到迫害的穆斯林少數民族羅興亞人（Rohingya）展開可怕的種族清洗運動。國家安全部的一名官員宣稱：「根本沒有羅興亞人這回事，那是假新聞。」

紐約大學歷史與義大利研究的教授露絲・本－吉亞特（Ruth Ben-Ghiat）曾把川普的崛起與墨索里尼的崛起相提並論。她認為，威權者通常會測試「大眾、媒體、政治階層的容忍度」，所以川普那些煽動性的推文與言論是為了「看美國人及共和黨會讓他為所欲為到什麼程度，以及他們何時會受不了，對他喊出：『夠了』。」[28]

一九九五年，義大利的學者安伯托・艾可（Umberto Eco）發表了一篇文章，談論墨索里尼與「永遠的法西斯主義」（Ur-Fascism）。如今回顧該文，讓我們更加明白川普的語言，以及威權專制的表現。艾可在文中提到許多法西斯主義固有的特質，那些特質不禁讓讀者聯想到川普煽動群眾的伎倆：訴諸民族主義和人們「對差異的恐懼」；否定科學與理性談話；援引傳統與過去；把分歧視為叛國的傾向。

艾可更具體地寫道：「墨索里尼沒有任何理念，他只有花言巧語」[29]，那是「一種模糊的極權主義，是不同理念和政治思想的大雜燴，充滿了矛盾」。艾可補充提到，永遠的法西斯主義使用「貧乏的詞彙與基本的語法，以限制複雜及思辨的工具」。而且，它認為「人民」不是公民或個人，而是「表達共同意志的統一實體」。領導人把自己塑造成「人民的心聲」，而不是把議會或立法機構塑造成人民的心聲。如果這聽起來出奇地耳熟，那是因為川普曾在共和黨的全國代表大會上對觀眾說：「我與你們——美國人民——同在。我是你們的心聲。」[30]

第六章　同溫層、壁壘、派系

「我們都是隔著誤解的汪洋互相撒謊的島嶼。」[1]

——魯德亞德・吉卜林（Rudyard Kipling），一八九〇年

二〇〇四年美國大選前不久，身為自由主義鐵粉的劇作家亞瑟・米勒（Arthur Miller）不禁納悶：「我連一個布希的支持者都不認識，為何民調顯示兩派的支持度不相上下？」[2]

當然，從那時起，我們的政治壁壘不僅沒有減少，還愈築愈高；同溫層也變得愈來愈厚。早在臉書的動態消息及Google的搜尋資料把我們封閉在密不透氣的同溫層以前，我們就生活在一個壁壘日益分明的社群中。這些社群在政治、文化、地

理、生活形態方面變得愈來愈隔離。再加上福斯新聞、布萊巴特新聞網、德魯奇報導（Drudge）等偏激的新聞來源從旁煽動，這也難怪羅生門效應開始扎根：對立政黨的支持者之間，共通點迅速縮減；所謂的「共識」已成過往雲煙。

二〇一六年，一項皮尤（Pew）調查顯示[3]，四五%的共和黨人把民主黨的政策視為對國家福祉的威脅；四一%的民主黨人覺得，共和黨的政策對國家福祉才是威脅。而且，這種敵意遠遠超出了政策分歧，已經變成個人問題。該調查顯示，七〇%的民主黨人認為，共和黨人比其他美國人的思想更封閉；四七%的共和黨人認為，民主黨人比其他的美國人更不道德；四六%的共和黨人認為民主黨人比較懶。

俄羅斯網軍試圖透過假新聞與假的社群媒體帳號來擴大社會分歧，破壞美國的民主。川普總統以煽動性的言論來迎合自己的支持者及打壓對手，這些都進一步加劇了這種黨派之爭。川普的總統紀念幣上，把歷史悠久的國家座右銘「合眾為一」（*E pluribus unum*）改成他的口號「讓美國再次偉大」，就是一個明顯的例子[4]。

利明璋（Bill Bishop）的《大歸類》（*The Big Sort*）指出，美國這種日益擴大的鴻溝只有幾十年的歷史[5]。他寫道，在一九五〇年代、六〇年代、七〇年代，社群在政治上似乎變得更一體化，而且隨著陽光帶*（Sunbelt）的繁榮在南方蔓延開來，「經濟上也出現聚合」。但利明璋指出，一九八〇年左右發生了一些事情：大家開始根據「價值觀、品味、信仰」來重新排列生活順序，部分原因是為了因應一九六〇年代以後出現的社會與文化移位。有大學學歷的人朝城市移動，農村地區的經濟逐漸落後。

利明璋寫道：「由於我們對傳統制度失去信任，職場的脆弱關係已經無法滿足人們對歸屬感的需求。[6]」對此，大家開始尋找志同道合的社群、教會、社交俱樂部、其他組織，以便從中找到社群意識。後來，網際網路又以極快的速度擴大了那種動態——透過迎合特定意識形態的新聞網站，透過有特殊利益的布告欄，透過社群媒體把大家進一步歸類到有共同利益的同溫層。利明璋寫道，到了二十一世紀之交，大家的分歧主要是出在品味與價值觀上，而不是意識形態上，但「隨著政黨已經逐漸代表生活形態，而且生活形態又定義了社群，似乎任何東西都可以分成共

---

* 指美國南部，從佛羅里達州一直延伸到加州南部。

和黨或民主黨」[7]。這裡所謂的任何東西，不只是指你對醫療保險、投票權或全球暖化等議題的看法，也包括你在哪裡購物、吃什麼、看什麼類型的電影。二〇一七年，一項皮尤調查顯示[8]，美國人連大學教育的價值都無法取得共識：七二%的民主黨人和傾向民主黨的無黨派人士表示，大學教育對國家有正面效益，但多數的共和黨人與傾向共和黨的人（五八%）對這些高等教育機構抱持負面的看法。

與此同時，中間選民——無黨派立場或游離票——的影響力萎縮了，或者至少他們從許多政治人物獲得的關注減少了。資深政治記者羅納·布朗斯坦（Ronald Brownstein）在著作《第二次內戰》（*The Second Civil War*）中描述布希的政治顧問回顧了二〇〇〇年的選戰資料，因此決定二〇〇四年把選戰重點放在激勵基本票倉上，以提高共和黨人的投票率——這預示了川普後來積極採用的「迎合支持者」策略。布希的顧問告訴布朗斯坦：「這不是為了在總統票選中獲得五五%的選票，而是為了盡可能把我們的信念轉成立法，同時掌握五一%的國家與議會席次。」[9]二〇一六年，希拉蕊的競選團隊基本上完全忽視了白人勞工階級的選票（那是柯林頓以前獲得的選票），而是把焦點放在提高支持者的投票率上[10]。

多年來，意識形態的一致性不斷地增強：二〇一四年，一項皮尤調查顯示[11]，在一九九四年之後的二十年間，愈來愈多的民主黨人對政策議題（有關移民、環境、政府角色等議題）給出「一致的自由派回答」，愈來愈多的共和黨人也給出「一致的保守派回答」。皮尤研究指出，觀點最一致的兩黨成員「對政治進程有不成比例的過度影響」，他們更有可能投票，更有可能捐款，更有可能接觸民選官員。此外，還有選區劃分不公正的問題[12]。二〇〇八年歐巴馬當選以後，共和黨人便努力入主負責劃分（或重新劃分）國會選區的各州政府，以圖利共和黨。在電腦軟體的協助下，新劃分的選區往往看起來很畸形，但是在奪取及保住眾議院席次方面，為共和黨帶來很大的優勢。而且，他們通常使選區變得更加右傾，導致許多民選官員到達華府後，因害怕未來初選失利，而不願與民主黨人妥協。

對許多黨派的鐵粉來說，支持政黨就像死忠支持他們最愛的NBA、MLB或NFL球隊一樣，那是他們身份的一部分，他們支持的對象是不會犯錯的。他們可能討厭某個政策或某個候選人——就像他們可能把球隊輸球歸咎於教練，或討厭看到球隊換來一個薪酬過高、但績效欠佳的球員一樣——但除非遇上什麼大災難，否則他們依然是死忠的鐵粉，並希望對手受苦蒙羞。

國會兩極分化的投票反映了這些發展：皮尤的一份報告顯示，到了二〇一四年，國會的共和黨人和民主黨人「之間的分歧比現代歷史上的任何時候還大」[13]。該報告也強調，民選官員之間日益加劇的兩極分化是「不對稱的，兩黨之間不斷擴大的分歧，大多是出自共和黨人的右傾」。

造成這種不對稱的主因是右派媒體的暴增。一九九〇年代，電臺主持人拉什·林博（Rush Limbaugh）證明煽動性的謾罵與作秀（川普從他身上學到了這兩招伎倆），可以為他吸引到可觀的全國聽眾。數十年來，他的粉絲忠實地覆誦著他的話，即使他講得很荒謬也全盤接收。在某次節目中，林博聲稱「欺騙的四大要角是政府、學術界、科學和媒體」。[14]他也宣稱：「科學家穿著白袍，看起來很專業」，但「他們是騙子，被左派收買，拿錢辦事」。

以前，公平原則（Fairness Doctrine）要求電視臺和廣播電臺必須開一些節目，專門探討時下的重要議題，並報導那些議題的相反觀點。聯邦通信委員會（FCC）廢除公平原則以來的三十年[15]，以及羅傑·艾爾斯（Roger Ailes）和魯柏・梅鐸（Rupert Murdoch）推出福斯新聞以來的二十年裡，右派媒體不斷成長，如今已經變成一個自我中心的龐大網絡，一再地重複著他們的歪理（移民的危險、主流媒體不值得信任、大政府的邪惡等等），並透過無恥的手段與高分貝的宣傳，成功地塑造了全國對話中的許多辯論。布萊巴特新聞網和辛克萊廣播集團（Sinclair Broadcast Group），連同無數的網站、YouTube頻道、電臺廣播，擴大了右派媒體的世界。班農稱布萊巴特新聞網是「另類右派的平台」。辛克萊廣播集團透過地方新聞廣播，觸及約三八%的美國家庭。辛克萊廣播集團甚至逼地方的新聞主播照著腳本唸一條有關「假新聞」的訊息，那跟川普破壞真實報導的言論如出一轍，簡直就是歐威爾著作裡的劇情。

許多這類媒體甚至連提供可證實的事實與資訊都不做，而是試圖把某位脫口秀主持人所謂的「有真相依據的內容」[16]改編成圖利自己、預先準備好的敘述，以迎合觀眾既有的信念或加劇他們最深的恐懼。

近年來，保守派的電臺節目主持人查理・賽克斯（Charlie Sykes）觀察到[17]，保守派媒體製造了「另類現實泡沫」，「摧毀了我們對假新聞的免疫力，同時助長了最糟糕、最魯莽的右派人士」。

二〇一七年，哈佛大學的一項研究檢閱了一百二十五萬篇以上的網路文章（二〇一五年四月一日到二〇一六年十一月大選日之間在網路上發表的內容）[18]，該研究最後的結論是：支持川普的網民非常依賴「封閉式的知識社群」，這種社群把「社群媒體當成向世界傳播超偏激黨派觀點的主力」，強化用戶的共同世界觀，同時醜化那些可能推翻其先入之見的主流新聞。結果衍生出以下的環境：川普在演講中提及一件瑞典的恐怖事件，但那件事根本沒發生過；總統的顧問受訪時，也提到一場根本沒發生過的「鮑靈格林大屠殺*」（Bowling Green massacre）。

隨著派系政治†（tribal politics）日益主導共和黨與民主黨的政治，候選人在初選中拚命地爭搶所屬政黨的基本票倉。許多共和黨的鐵粉一聽到槍支暴力、歐巴馬健保（Obamacare）或全球暖化等議題，就不加思索地反對到底，根本不管統計資料、專家分析、仔細研究過的大學或政府報告。有些情況下，甚至連他們自己的利益都拋在一邊——很多川普的鐵粉認為，那些證據是永遠不可信的自由派政治或深層政府的政治。那些鐵粉覺得，對黨派忠誠及派系政治比事實更重要，甚至比道德與正直還重要。例如，參議員候選人羅伊·摩爾（Roy Moore）被控猥褻少女，但依然獲得一些共和黨人的支持；川普的支持者對真正的戰場英雄約翰·麥肯（John McCain）發出噓聲[19]，並惡毒地說，上帝看他反抗川普，所以才會用癌症來懲罰他。

記者安德魯·蘇利文（Andrew Sullivan）寫道：「長久以來，意識形態、地理、政黨、階級、宗教、種族的複雜分歧，已經變異成更深層、更容易描繪出來的東西，因此變得更可怕。[20]」——不是簡單的政治兩極分化，而是整個國家分裂成「兩大派系，在政權上詭異地平衡，他們奮戰不僅是為了提升己方的地位，也是為了挑釁、譴責、擊敗對方」。

---

* 川普的顧問康威（Kellyanne Conway）受訪時，為川普禁止七國穆斯林移民進入美國的行政命令辯護，說歐巴馬在任時，由於兩名伊拉克難民進行「鮑靈格林大屠殺」而實施了六個月伊拉克難民禁令。還說美國大部分人不知道，是因為媒體沒有報導。

† 堅持黨派教條，不論是非與人民福祉。

為什麼大家急於接納那些支持個人信念的資訊，卻否定那些質疑他們的資訊呢？有幾種理論為這種「確認偏誤」提出了解釋[21]。例如，第一印象很難消除；人們有捍衛地盤的原始本能；人一旦受到質疑，通常會有情緒反應，而不是以理智反應，而且一般人也不喜歡仔細檢查證據。

作家兼法律學者凱斯・桑思汀（Cass Sunstein）在《走向極端》（*Going to Extreme*）中指出，群體動態又放大了這些傾向：偏狹往往意味著資訊輸入有限（而且收到的資訊往往只是強化既有的觀點），以及渴望獲得同伴的認可；如果組織的領導人「不鼓勵提出異議，而偏向一個明確的結論，整個組織就很可能朝著那個結論發展」[22]。

桑思汀寫道，一旦群體在心理上遭到隔離，「那個群體之外的資訊及外人的觀點，就會受到質疑。因此，當群體的成員繼續交談時，沒有什麼東西會擾亂兩極分化的過程」[23]。事實上，志同道合的群體可能變成極端運動的溫床：「恐怖分子是製造出來的，而不是天生的。」桑思汀指出：「恐怖分子的網絡通常就是這樣運作的，所以他們可以刺激原本普通的人做出暴力行為。」

保守派的電臺主持人賽克斯決定在二〇一六年退出他的熱門節目。他指出，政治已經變成「二元的派系世界」[24]，在這個世界裡，選民「容忍古怪的行為、不誠實、粗魯與殘暴，因為他們覺得另一方總是更糟。」他的聽眾受不了他批評川普，或無法接受他說那些有關希拉蕊和歐巴馬的瘋狂陰謀論顯然是錯的。他的聽眾已經習慣拒絕主流的新聞來源，也習慣拒絕簡單的事實。

賽克斯在二〇一七年出版的《右派是如何失去理智的》（*How the Right Lost Its Mind*）中寫道：「在新的右派媒體文化中，負面資訊不再滲透進來；失態與醜聞可以抹除、忽視或狡辯；反敘事可以隨時發布。川普已經證明，候選人可以不受主流媒體的敘事、批評、事實查核的影響。[25]」

有線電視出現以前，多數人是從三大電視網接收新聞，也收看許多一樣的電視節目，諸如《一家子》（*All in the Family*）和《瑪麗・泰勒・摩爾秀》（*The Mary Tyler Moore Show*）。那種日子老早就一去不復返了。新的《星際大戰》（*Star Wars*）電影與超級盃比賽是少數依然吸引各種族群觀看的活動。

至於新聞，日益分化的媒體環境為各種小眾——從最紅的（共和黨）到最藍的（民主黨）——提供網站及出版品。臉書、推特、YouTube和許多網站使用演算法來提供個人化的資訊——這些資訊是根據他們之前針對你所收集的相關資料量身打造而成。

網路活動分子伊萊．帕理澤（Eli Pariser）在《搜尋引擎沒告訴你的事》（*The Filter Bubble*）中寫道：「Google為每個人提供個人化的資訊後，搜尋『幹細胞』時，支持幹細胞研究的科學家和反對幹細胞研究的活動分子可能得到完全相反的搜尋結果。搜尋『氣候變遷的證據』時，環保人士和石油公司的高管可能看到不同的結果。民調顯示，絕大多數的人認為，搜尋引擎毫無偏頗。但那可能只是因為搜尋引擎提供的結果愈來愈偏向他們的觀點。你的電腦螢幕會愈來愈像某種單向鏡，它只反映你的興趣，而演算法持續在背後追蹤你點擊了什麼。[26]」

由於社群媒體網站提供給我們的資訊往往證實了我們對世界的看法——帕理澤稱之為「無限的『你』圈」（an endless you-loop）[27]——大家生活在愈來愈狹隘的同溫層裡，以及因此變得日益狹小的封閉思想圈中。這是自由派和保守派、民主黨及共和黨人愈來愈難以在事實上達成共識，共同的現實感也變得難以捉摸的原因。這也可以解釋為什麼紐約和華盛頓的精英——包括希拉蕊的競選團隊及許多媒體——看到川普在二〇一六年大選中勝出時會那麼震驚。

帕理澤在二〇一一年的TED演講中警告：「如果我們讓演算法來決定世界的模樣，由演算法來決定我們可看什麼、不可看什麼，那麼我們需要確定演算法不能只講求相關性，它們也應該向我們展示那些令人不安、對立或重要的其他觀點。[28]」

第七章　注意力缺陷

「想知道事情是怎麼運作的，就在它分崩離析時去研究它。」[1]

——威廉．吉布森，《零歷史》（*Zero History*）

說到假新聞的傳播與客觀性的消亡，科技可說是一種超強的助燃劑。我們原本想像科技是創新的轉型催化劑，卻日益察覺它的黑暗面。

一九八九年，蒂姆．柏內茲—李（Tim Berners-Lee）提出一套構想[2]，那套構想後來變成了網際網路。他想像一個通用的資訊系統，橫跨各種語言與地域的界線，把大家連起來並分享資訊，以促成前所未有的創意與解題能力。這就像波赫士筆下那個「魔幻圖書館」的公益版，裡面不僅應有盡有，還可以擷取資料，並做實際與想像的運用。

傑容・藍尼爾（Jaron Lanier）在《別讓科技統治你》（*You Are Not a Gadget*）裡寫道：「網路的興起是一次難得的機會，讓我們得以窺見有關人類潛能的正面新資訊。數百萬人在毫無廣告、商業動機、懲處脅迫、魅力人物、身份認同政治、死亡恐懼或其他典型誘因的刺激下，投入那麼多心力在一項專案上。當初有誰會料到這種情況呢（至少一開始是如此）？眾人居然會為了同一件事情齊心協力，只因為這件事是個美麗的構想。[3]」

藍尼爾回憶道，在網路剛出現的時期，集體創造的核心在於「對人性的美好信念。我們相信，只要賦予個人力量，結果會是利多於弊。後來網路荒腔走板的發展簡直是倒行逆施」。

那個把資訊普及化的網路，迫使（一些）政府變得更透明，並讓所有人（從政治異議分子到科學家與醫生等等）得以相互聯繫。但如今大家也發現，網路可能遭到壞人濫用，用來傳播錯誤資訊與假資訊、殘忍與偏見。網路上的匿名功能導致網路缺乏問責，也助長了騷擾者與酸民的出現。矽谷的科技巨擘大量收集用戶的資料，其資料規模與美國國家安全局（NSA）不相上下。網路使用量的暴增，也放大了當代文化中的許多動態：從「自我」世代與「自拍」世代的自我陶醉，到意識形態的壁壘分明以及真相的相對化。

網路上因資料量龐大，大家可以精挑細選那些支持個人觀點的事實、仿真陳述或非事實。那也促使學者與業餘者去尋找支持個人理論的素材，而不是去檢查實證以得出合理的結論。誠如《哈佛商業評論》的前執行主編尼可拉斯・卡爾（Nicholas Carr）在《網路讓我們變笨？》（*The Shallows: What the Internet is Doing to our Brains*）一書中寫道：「我們在網路上搜尋時看不到森林，甚至連樹木也看不見，我們只看到樹枝和樹葉。[4]」

在網路上，點擊就是一切。娛樂與新聞之間的界線日益模糊。聳人聽聞、怪誕或離譜的內容，以及那些刻意迎合人類爬蟲腦（原始腦）——比如恐懼、憎恨、憤怒等原始情緒——的貼文迅速竄紅。

在這個神經分散、資訊超載的時代，注意力是網路上最寶貴的商品。誠如法學教授吳修銘在《注意力商人》中所說的，網站在二〇一〇年代初期逐漸學會如何讓內容持續走紅：「分享的衝動往往是由各種『高度喚起』（high arousal）的情緒激發出來的，比如敬畏、憤怒、焦慮等等。[5]」

吳修銘寫道，網路「曾是大眾共享的公共資產，為業餘人士培養各種領域的興趣」[6]。然而，到了二〇一五年，「網路卻充斥著劣質的商業內容，那些內容多半鎖定人類最卑劣的衝動（例如窺視與快感）以進行操作。」現在網路上有「廣袤無垠的黑暗地帶」，例如「內容農場不斷製造誘人上鉤的條列式文章，還有瑣碎無聊的名人八卦」，「目的只是為了讓大眾持續盲目地點閱分享，像散播感冒病毒那樣，不停地散播那些資訊所附帶的廣告」。

二十一世紀，大眾對媒體的信任日益下滑。部分原因在於大家對制度與守門人愈來愈不信任，再加上右派齊力詆毀主流媒體。愈來愈多人開始從臉書、推特、其他的線上來源接收新聞。二〇一七年，三分之二的美國人表示，他們至少有一些消息是從社群媒體上得知的[7]。然而，這種依賴親友及臉書或推特取得消息的方式，助長了假新聞這隻怪獸的成長。

當然，假新聞不是什麼新鮮事[8]。例如，聳人聽聞的新聞報導幫忙激起了大眾對美西戰爭的支持；凱撒把征服高盧包裝成一種防禦性的行動。但網路和社群媒體讓謠言、臆測、謊言在幾秒內就傳遍全世界，例如荒謬的披薩門事件；有些毫無根據的說法聲稱，二〇一七年十月拉斯維加斯發生的五十八人屠殺案是由一名反川普的自由派人士幕後指使的[9]，還說那個人一直關注著網路民運組織MoveOn.org，最近成為穆斯林。

據BuzzFeed新聞的報導，二〇一六年總統大選的最後三個月期間，臉書上「最熱門」的假選舉新聞，比《紐約時報》、《華盛頓郵報》、NBC新聞、《赫芬頓郵報》等主要新聞機構的頭條新聞吸引更多的讀者[10]。在那二十篇最熱門的假新聞中，有十七篇是支持川普或反對希拉蕊的，其中一篇聲稱希拉蕊曾向ISIS出售武器，另一篇聲稱教宗支持川普。牛津大學網路研究所的一項研究發現，在推特上，川普支持者的小圈圈比取樣中的其他政治團體散播更多的垃圾新聞[11]。二〇一八年《政客》（*Politico*）的一項分析發現，在所謂的「新聞沙漠」（亦即新聞訂戶數較少的地方），支持川普的選民人數，比獨立媒體可以核實川普言論的地方還多。

社群媒體在散播假新聞以及助長俄羅斯干預二〇一六年美國大選上，扮演愈來愈明顯的角色。一些矽谷人士眼看著這個趨勢的發展，經歷了一種生存危機。他們擔心自己幫忙創造出來的神奇工具，正轉變成類似科學怪人那樣的怪物。eBay的創辦人皮耶・歐米迪亞（Pierre Omidyar）寫道：「資訊的變現與操縱正迅速撕裂我們」[12]，他委託研究機構撰寫了一份白皮書，以闡述社群媒體對問責、信任、民主的影響。

柏內茲－李宣告：「這個體系的功能失靈了。[13]」他依然樂觀，他說：「但我是站在山頂上的樂觀者，一場可怕的風暴正迎面而來，我緊抓著護欄。」

臉書早期的投資者羅傑・麥克納米（Roger McNamee）寫了一篇措辭強烈的文章。他在文中指出，俄羅斯人操縱臉書、推特、Google與其他平台，以試圖改變二〇一六年美國大選與英國脫歐公投的結果，那只是冰山一角。他警告，除非做出根本的改變，否則這些平台將再次遭到操弄，「已經變糟的政治論述只會更加惡化」[14]。

麥克納米認為，這是臉書等平台的演算法固有的問題。這些平台為了盡量擴大用戶的參與度而採用那些演算法。用戶在一個平台上花的時間愈多，平台業者可賣出的廣告愈多，賺到的利潤也愈多。盡量提高用戶參與度的方法，是「吸收及分析你的資料，並用它來預測什麼東西會讓你產生最強烈的反應，然後再給你更多那種東西」。這不僅會製造同溫層，使人一直隔離在壁壘分明的藩籬內，也容易散播簡化、挑釁的資訊。陰謀論很容易在社群媒體上瘋傳，誇大、煽動性的政治資訊也是如此。川普競選團隊及英國「脫歐」派所傳播的資訊就是例子，那些訊息都是訴諸大家對移民的恐懼，或是對工作崗位消失的憤怒等原始情緒。史學家證實，那些民粹資訊往往在經濟不確定期間（例如二〇〇八年金融危機後餘波蕩漾、貧富不均如滾雪球般擴大），以及文化和社會變革時期（例如全球化、重大的科技創新）傳播得特別迅速。

川普那些煽動仇恨的訊息，幾乎都是為社群媒體的演算法量身打造的。班農告訴記者麥可．路易士（Michael Lewis），川普不僅是憤怒的人，他也很擅長利用他人的憤怒：「我們靠主張『抽乾沼澤*』、『把她關起來』、『築起高牆』等口號勝選，這些都是純粹的憤怒。憤怒與恐懼驅使大家去投票。[15]」

與此同時，川普的競選團隊精明狡詐地運用社群媒體與大數據工具[16]，使用來自臉書和劍橋分析公司（Cambridge Analytica）的資料，做精準的廣告投放及規劃川普的選戰行程。劍橋分析公司是一家資料科學公司，號稱有能力從心理上剖析數百萬潛在的選民。川普的支持者兼布萊巴特新聞網的投資者羅伯・默瑟（Robert Mercer）持有該公司的部分股權。

臉書透露，多達八千七百萬人的資料可能遭到劍橋分析公司的不當使用[17]。劍橋分析公司利用那些資訊，創造出用來預測及影響選民行為的工具。該公司的一位前雇員表示，班農監督二〇一四年的一項選民說服活動[18]，他們在那項活動中找到一些反對傳統體制的訊息（例如「抽乾沼澤」、「深層政府」），並進行測試。

川普競選活動的數位總監布拉德・帕斯凱爾（Brad Parscale）描述他們如何利用臉書的廣告工具，以客製化的廣告精準地鎖定潛在的支持者[19]。他們每天製作約五萬至六萬個廣告，不斷地調整廣告用語、圖形甚至顏色，以促成有利的迴響。

《彭博商業週刊》引用一位資深選戰成員的說法，說川普的競選活動也會使用「隱藏貼文廣告功能†」（只有特定的受眾才看得見），並推出三種選民壓抑操作[20]：一種是鎖定伯尼．桑德斯（Bernie Sanders）的支持者；另一種是鎖定年輕女性——川普的競選團隊認為，提醒她們柯林頓以前拈花惹草的舊聞，也許可以觸怒她們，但是考慮到川普本身也有女性醜聞，這招感覺很奇怪；第三種是鎖定黑人——川普的競選團隊認為，讓黑人想起一九九六年希拉蕊用過「超級掠食者‡」這個詞（指柯林頓的反犯罪對策），他們可能不會投票給她。

---

* 川普宣布「抽乾華盛頓沼澤的時候到了」。他承諾建立一項長達五年的禁令，防止一切行政部門官員在離職後干預政府決策。許多人把這個口號解讀成初入政壇的川普對現存政治體系的全盤挑戰。

† 不會顯示在粉絲專頁的動態消息，但仍然能以貼文的形式發送廣告，使用這個廣告可以做A／B測試、設定更精準的受眾。

‡ 一九九四年，時任美國總統的柯林頓簽署《暴力犯罪控制暨執行法案》，規定三度犯下重罪的罪犯將終身不得假釋，此外還擴大六十種死刑適用對象，更將觸犯一定重大犯罪的十三歲以上青少年視同成年犯起訴，因此該法案有美國史上最嚴峻的刑事法案之稱。當時身為第一夫人的希拉蕊力挺這項法案，當外界批評嚴刑峻法只會讓有色人種和中下階級罪犯更難回歸社會，希拉蕊強硬地捍衛法案之必要性，甚至稱呼未成年罪犯是「超級掠食者」，強調重刑才能讓他們乖乖聽話。

二〇一六年大選中，社群媒體的主要操縱者當然是俄羅斯人[21]。他們的長期目標是削弱選民對民主與選舉制度的信心，短期目標則是讓大選的結果倒向川普，長短期的目標是相互呼應的。美國情報機構也得出以下結論：俄羅斯駭客竊取了民主黨全國委員會的電子郵件，並把那些郵件交給維基解密（WikiLeaks）。這些陰謀都是二〇一二年普丁連任以來，俄羅斯當局加強推動的部分計畫，目的是使用不對稱的非軍事手段來削弱歐盟和北約（NATO）、破壞大家對全球主義與西方民主自由主義的信心。為此，俄羅斯一直在支持歐洲的民粹主義政黨，例如勒龐領導的法國極右派政黨「國民陣線」（National Front）。近年來，俄羅斯干預了至少十九個歐洲國家的選舉，也持續透過Sputnik和RT等官方媒體的管道展開造謠活動。

以美國大選為例，臉書告訴國會，二〇一五年六月至二〇一七年八月期間，俄羅斯特工在臉書上發布了約八萬則貼文，可能有一．二六億美國人看過那些貼文——那人數是美國註冊投票人數的一半以上[22]。俄羅斯的貼文積極地聲援川普或詆毀希拉蕊，其他的貼文則是為了擴大美國社會在種族、移民、擁槍權等議題上的既有分歧。例如，一個名為「南方聯合」（South United）的假團體發布一則貼文，貼文中展示了一面南方邦聯旗並「呼籲南方再次崛起」。另一則貼文是來自名叫「黑人運動者」（Blacktivist）的假組織，文中緬懷黑豹黨*（Black Panthers）。此外，還有一則臉書廣告名為「安全邊界」，廣告上顯示著一個標語：「禁止入侵者進入」。

參議院情報委員會針對俄羅斯干預選舉一事，舉行了聽證會。緬因州的參議員安格斯・金（Angus King）在聽證會上表示：「他們的策略是在美國社會中挖出一條裂縫，接著再把它變成一道深淵。[23]」

幾家媒體的報導指出，YouTube的推薦引擎似乎把觀眾導向分裂、聳人聽聞、陰謀論思想的內容[24]。推特發現，其平台上有五萬多個與俄羅斯有關的帳戶在發布二〇一六年大選的相關資訊。牛津大學的報告發現，在大選前夕，推特上「連接俄羅斯新聞報導、維基解密、垃圾新聞的未證實或無關連結的數量」，超過了連上專

* 一九六六年至一九八二年活躍的美國組織，宗旨是促進美國黑人的民權，他們也主張黑人應該有更為積極的正當防衛權利，即便使用武力也是合理的。

業新聞的數量。那份報告也發現，「搖擺州的錯誤資訊平均比無爭議州更多」。佛羅里達州、北卡羅來納州、維吉尼亞州等州就是搖擺州的例子。

俄羅斯人不僅變得非常擅長製造假新聞，也很擅長捏造假美國人，並讓那些假美國人針對那些假新聞發表評論，也讓他們加入假的美國團體[25]。維塔力・貝斯帕洛夫（Vitaly Bespalov）是俄羅斯網軍工廠的員工，在聖彼得堡一家名為「網路研究機構」（Internet Research Agency）的宣傳工廠工作。他告訴NBC新聞，這份工作有如「謊言的旋轉木馬」。一樓的員工負責寫假新聞，新聞中引用三樓員工寫的部落格貼文，同事以假名針對那些故事發表評論，以及協調其他社群媒體的貼文。美國的情報來源指出，一些愛爾蘭共和軍的帳號原本一直在製造有關烏克蘭的親俄宣傳，但那些帳號早在二〇一五年五月就開始切換成親川普的資訊。

總統大選前，《走進好萊塢》節目（*Access Hollywood*）播出川普談論猥褻女性的錄影片段時，俄羅斯的推特特工立即前來聲援他，大肆抨擊主流媒體，並試圖把注意力重新導向駭客從希拉蕊的競選總幹事約翰・波德斯塔（John Podesta）那裡竊取的爭議電郵[26]。這種對川普的支持，在川普入主白宮後仍持續進行，親俄的推特帳號試圖在一些議題上挑起麻煩，例如ＮＦＬ球員單膝跪地的爭議*。然而，到二〇一七年底，這些俄羅斯帳號似乎日益把焦點放在削弱特別檢察官勞勃・穆勒（Robert Mueller）以及他對俄羅斯干預選舉所做的調查上。

川普政府決心廢除網路中立性，在美國引發了很大的爭論[27]。在美國聯邦通信委員會（ＦＣＣ）投票決定廢除歐巴馬時代的規定不久（該法律要求網路服務供應商必須對所有的網路流量一視同仁），一份民調顯示，五三％的美國人反對川普廢除網路中立性。俄羅斯似乎也跳進了這場美國爭論中攪局。ＦＣＣ宣布這項決定之前，曾表示歡迎大眾就此議題發表評論，但ＦＣＣ收到的許多評論似乎都是假的或重複的。一項研究發現，四十四萬四千九百三十八則評論是來自俄羅斯的電郵地址；超過七百七十五萬則評論是來自與FakeMailGenerator.com有關的電郵網域，而且評論的措辭幾乎一模一樣。

* 部分球員在比賽開場演奏國歌時，以單膝跪地的姿態抗議美國充滿種族歧視，此舉遭美國總統川普砲轟。

俄羅斯、土耳其、伊朗等國的政黨和政府利用網軍工廠與機器人大軍，來宣傳及騷擾異議人士；在社群網路上散布錯誤資訊；並透過按讚、轉發或分享來營造高人氣或火紅的假象。牛津大學的研究指出：「當政黨或候選人以社群媒體操弄作為競選策略的一部分時，在他們掌權以後，有時仍會持續使用那些伎倆。例如，在菲律賓，大選期間許多人受雇當網軍，為總統候選人杜特蒂（Duterte）做宣傳。他當選後，那些網軍仍持續傳播及放大支持其政策的訊息。」[28]

歐米迪亞集團（Omidyar Group）委託研究的報告顯示，使用機器人操縱大眾輿論，只是社群媒體對大眾言論的影響因素之一[29]。該報告的結論是，社群媒體除了放大兩極分化以外，往往會破壞大家對制度的信任，並使有事實根據的辯論與討論變得更加困難，但這些辯論與討論對民主非常重要。社群媒體上那些精準鎖定對象的廣告，以及為了替用戶量身打造動態消息的演算法，模糊了通俗與可驗證之間的區別，削弱了人們參與共同對話的能力。

如今看來，局勢可能只會日益惡化[30]，尤其川普政府若是依然否認俄羅斯干涉選舉，又不對前中央情報局（CIA）局長與國家安全局（NSA）局長邁克·海登（Michael Hayden）所謂的「史上最成功的隱密影響力（covert influence）操作」採取行動的話，那後果更難以設想。國土安全部網路處的負責人透露，二〇一六年大選期間，俄羅斯人試圖侵入二十一州的選舉系統，並成功侵入了其中幾州。一家電腦安全公司的報告指出，二〇一六年竊取民主黨全國委員會（DNC）電郵的俄羅斯駭客，在二〇一八年中期選舉前夕也曾鎖定參議院的幾個帳號。

俄羅斯已經試圖干涉德國、法國、荷蘭的選舉，以及英國的脫歐公投[31]。他們對二〇一六年美國大選的輕易干預（再加上他們在川普執政的第一年毫無受到懲罰），肯定讓他們變得更加膽大妄為。墨西哥和其他國家的政客現在擔心，他們可能變成普丁下一個打擊的目標，他們正準備應對一波又一波破壞穩定的假新聞與宣傳。

科技發展可能使問題變得更加複雜[32]。虛擬實境與機器學習系統的進步，很快就能做出幾可亂真的偽造圖像與影片，使人難分真假。聲音已經可以從音訊的樣本中重新創造，臉部表情也可以利用人工智慧程式來操弄。未來，我們可能看到一些幾可亂真的影片。影片裡，政客說著他們從未說過的話：布希亞的擬像論*（simulacrum）實現了。這些像《黑鏡》†（*Black Mirror*）一樣的發展，將使我們更難區分模仿與真實、虛假與現實。

* 布希亞認為擬像論是一種失去原初的複製，人不再只是一個主體，而是淪落為一個文化、符號、語言的客體。也就是說，在生活中，影像才是真實的存在，實物反而不再是真實的存在，尤其在現今以消費為主的「超真實」時代中，每件物品最重要的就是包裝，那些包裝就是我們製造出來的「擬像」。

† 該劇展現現代社會的發展，尤其是使用新技術的副作用，背景通常設定在架空的現實或不久的將來。

第八章　噴灑謊言：宣傳與假新聞

「用偏見去說服一千個人，比用邏輯去說服一個人還快。[1]」

——科幻小說家羅伯・海萊因（Robert A. Heinlein）

俄羅斯因干預二〇一六年的美國總統大選及世界各地的其他選舉，而成為美歐政治對話的焦點。俄羅斯在這些操弄中所使用的方法，讓人想起俄羅斯當局幾十年來（遠溯及冷戰時期）打造的精密宣傳機器，以及他們對新型網路戰爭的熟悉，包括駭客攻擊、假新聞、把社群媒體當成武器使用。與此同時，在後真相時代，許多令人不安的政治和社會動態，是受到兩位俄羅斯人的思想所影響，這並非巧合。其中一人是列寧，另一人是比較鮮為人知的弗拉季斯拉夫・蘇爾科夫[2]（Vladislav

Surkov）。蘇爾科夫曾是後現代主義的劇場導演，有人形容他是「普丁的拉斯普丁＊（Rasputin）」及俄羅斯當局的宣傳操作大師。

列寧去世已近一百年，但他的革命模式卻出奇地歷久彌新。二十一世紀，許多民粹主義者紛紛擁抱他的目標——不是用來改善國家機器，而是用來摧毀國家機器及所有的制度。他的許多策略也是如此，從利用混淆與混亂作為團結群眾的工具，到過於簡化（而且總是幻滅）的烏托邦承諾，再到以暴力語言攻擊任何可能污名化為現狀的東西。

列寧曾解釋，他的煽動性語言是「刻意用來喚起仇恨、厭惡、蔑視的」。那些措辭是「刻意不去說服，而是為了分化對手的階層；不是為了糾正對手的錯誤，而是為了消滅他，使他的組織從地球上徹底消失。這種措辭確實會使對手產生最壞的想法、最糟的猜忌」[3]。這些聽起來都很像川普與其支持者在二〇一六年競選期間用來攻擊希拉蕊的語言範本（「把她關起來！」），也像英國脫歐運動的激進支持者所使用的語言。如今，大西洋兩岸的右派民粹主義運動，愈來愈常使用這種語言。

記者安妮·阿普爾鮑姆（Anne Applebaum）指出，現在有一群「新的布爾什維克派」，包括川普、英國的奈傑・法拉吉†（Nigel Farage）、法國的勒龐、波蘭的雅洛斯瓦夫・卡臣斯基（Jaroslaw Kaczynski）、匈牙利的總理奧班・維克多（Viktor Orban）。他們像列寧和托洛斯基一樣，從政治邊緣起家，乘著民粹主義的浪潮崛起，站上顯眼的位置。二〇一七年，阿普爾鮑姆寫道：「他們很大程度上是學列寧那樣，抱著『拒絕妥協』的態度，以反民主的作法使某些社會群體凌駕在其他群體之上，並對他認為『胡搞』的反對者進行仇恨攻擊。」[4]

阿普爾鮑姆指出，許多比較成功的新布爾什維克派已經建立了自己的「另類媒體」，專門傳播假資訊，散播仇恨，惡意中傷對手。他們的撒謊不僅不假思索，也是一種信念問題。她寫道，他們相信，「普通的道德不適用在他們身上……在腐朽的世界裡，只要打出『人民』的名義或是打擊『人民公敵』，就可以犧牲事實。在權力鬥爭中，可以為所欲為。」

---

* 俄國沙皇尼古拉二世時代的神祕主義者。尼古拉二世和皇后篤信神祕主義。

† 脫歐黨的黨魁。

事實上，史學家維克托・謝別斯琛（Victor Sebestyen）在列寧的傳記中寫道，這位布爾什維克派的領袖是「一個世紀後的評論家所謂『後真相政治』的始祖」[5]。而且，在許多方面，他是一個「徹頭徹尾的現代政治現象，是西方民主國家及獨裁政權都很熟悉的那種煽動者」。謝別斯琛補充提到：「任何人只要在理當成熟的西方政治文化中經歷過最近幾次的選舉，可能都能認出他來。」

如今與川普疏遠的前顧問班農，曾是布萊巴特新聞網的執行董事，他曾向一名記者形容自己是「列寧主義者」[6]。二〇一三年，羅納德・拉多什（Ronald Radosh）在《野獸日報》（*The Daily Beast*）中寫道，班農宣稱：「列寧想要摧毀國家，這也是我的目標。我要摧毀一切，摧毀現今的一切體制。」曾資助劍橋分析公司的保守派億萬富豪羅伯・默瑟（Robert Mercer）認為，政府介入愈少愈好[7]。在默瑟的對沖基金公司任職的前高層員工向《紐約客》的珍・梅爾（Jane Mayer）表示：「他希望政府全倒下來。」

二十世紀有兩個集權國家掌握了「宣傳煽動」的黑色藝術：納粹德國與蘇聯。

他們操縱大眾及宣揚仇恨意識形態的技巧，已經滲透到世界各地的獨裁者與煽動者身上，而且傳了好幾個世代。列寧最擅長說一些他永遠做不到的承諾。謝別斯琛在列寧的傳記中寫道：「他為複雜的問題提出簡單的解決方案，厚顏無恥地撒謊，接著再找代罪羔羊，給他貼上『全民公敵』的標籤。他為自己辯駁的理由是，勝利至上，為達目的可以不擇手段。[8]」

希特勒在《我的奮鬥》中，以一整章的內容，談論宣傳、他的宣言，以及他的宣傳部長戈培爾的宣言[9]。那可以作為有志成為獨裁者的指導手冊：訴諸民眾的情緒，而不是他們的智慧；套用「刻板的公式」，一再地重複；不斷地攻擊對手，並以獨特的用語或口號為他們貼上標籤，讓民眾產生共鳴反應。傳記作家形容希特勒是個裝腔作勢、自吹自擂的自戀者，他有一種打從一開始就吸引大眾注意的天賦。他寫到自己早年為了成名所做的努力：「誰在乎別人是不是在嘲笑我們或侮辱我們，還是把我們當成傻瓜或罪犯呢？重點在於他們談論我們，時時想到我們。[10]」他像列寧一樣，強調「打破現有秩序，以便為新學說的滲透騰出空間」是必要的[11]。

在《極權主義的起源》中，鄂蘭探索大眾宣傳在操弄納粹德國與蘇聯民眾方面所扮演的重要角色，她寫道：「在瞬息萬變、令人費解的世界裡，大眾已經達到一種境界：他們既相信一切，也不相信任何東西；他們認為一切都有可能，也認為沒有什麼是真實的。[12]」

她寫道：「大眾宣傳發現，它的受眾隨時都準備相信最壞的情況，無論那有多荒謬。而且，他們也不太在意被騙，因為他們本來就認為每句話反正都是謊言。極權領袖所宣傳的內容，是以正確的心理假設為基礎。那個假設是說，在那樣的情況下，某天你可以讓大家相信最荒誕的言論，並相信，萬一隔天那些人看到無可辯駁的證據顯示那些言論有誤時，他們也會一笑置之，不會拋棄對他們撒謊的領導人，而是堅稱他們一直都知道那些言論是謊言，他們很佩服領導人有那麼高超的機靈智慧。」

俄羅斯仍使用宣傳來達到同樣的目的：分散本國人民的注意力（現在也日益鎖定外國人民）並使他們筋疲力竭，以大量謊言讓他們感到疲乏，不再抵抗，並退回自己的私生活。蘭德公司的報告把這種普丁的宣傳模式稱為「謊言的噴灑」[13]——謊言、半真半假、全然虛構的東西，像從消防水管中噴灑出來那樣，源源不斷地湧出，並持續攻擊以模糊事實，使任何試圖關注的人感到不知所措又迷惑。

該報告指出：「俄羅斯的宣傳不承諾客觀現實。」[14]有時他們會使用捏造的消息來源，也會使用捏造的證據（偽造的照片、偽造的現場新聞報導、找演員來扮演偽造的暴行或犯罪的受害者）。該報告接著指出：「RT、Sputnik News等俄羅斯的新聞頻道，雖然刻意營造出狀似正派新聞節目的樣子，但他們比較像是資訊娛樂與虛假資訊的混合體，而不是經過事實核查的新聞。」

二〇一六年美國大選與歐洲大選前，俄羅斯廣泛地輸出他們特有的宣傳模式[15]。他們可以針對突發新聞迅速地製作宣傳，立即回應。那些宣傳也透過多種媒體管道，以極快的速度大量地重複利用，以營造消息來源眾多的感覺。由於俄羅斯的網軍不關心真實性或一致性，他們往往可以在正派新聞機構發布準確的報導之前，搶先發布他們的虛構版本，並利用大家容易相信第一則資訊的心理（蘭德報告指出，後來民眾「面對矛盾的資訊時，也比較相信最早接收的資訊」）。

俄羅斯「噴灑謊言」系統所釋出的大量「假訊息」——就像川普、他的共和黨支持者、媒體黨羽不斷發出的謊言、醜聞和震撼一樣，只不過川普這邊的作法比較即興，但製造量一樣多——往往令人不知所措又麻木，同時也縮小了「異常」的定義，把原本不容接受的事情加以正常化。大家從憤怒變成憤怒疲乏，接著變成憤世嫉俗又厭倦，這使那些散布謊言的人更加膽大妄為。二〇一六年十二月，前世界西洋棋冠軍及俄羅斯親民主派的領導人蓋瑞．卡斯帕洛夫（Garry Kasparov）在推特上寫道：「現代宣傳的重點，不單只是為了誤導你或推動某個目的而已，而是為了耗盡你的思辨力，消滅真相。」[16]

你可以用任何比喻來描述上述的作法，例如把水攪渾，把朋友丟去餵鯊魚，啟動迷霧機，或是在大眾面前對大猩猩扔土——那是為了製造腎上腺疲勞及新聞疲乏的伎倆，是為我們這個注意力缺失（ADD）又資訊超載的時代完美設計的策略——套用艾略特（T.S. Eliot）的說法，是為「這個喧囂世界」[17]設計的，讓人「被一件又一件令人分心的事轉移注意力」。

學者澤尼普．涂費克奇（Zeynep Tufekci）在頗有見地的著作《推特與催淚瓦斯》（*Twitter and Tear Gas*）中指出，在數位時代，以連串的錯誤資訊與假資訊在網路上散播困惑，其實已經變成世界各地的宣傳者慣用的伎倆。

塗費克奇寫道：「在網路化的公共領域，有權者的目標往往不是為了讓人相信某種敘事的真實性，或是為了阻止某項資訊外洩（那變得愈來愈難了），而是為了讓人產生聽天由命、憤世嫉俗、無能為力的感覺。[18]」她指出，這可以利用多種方式辦到：以資訊淹沒受眾；製造干擾來分散他們的注意力和焦點；詆毀那些提供準確資訊的媒體，讓大家不再相信他們；刻意散布困惑、恐懼和懷疑；製造假新聞或聲稱別人的新聞是假新聞；「製造騷擾活動，目的是讓可信的資訊管道更難運作」。

俄羅斯當代宣傳大師蘇爾科夫有「普丁時代的真正天才」[19]之稱，他運用上述的所有技巧以及更多的伎倆來協助普丁崛起及鞏固政權。俄羅斯的特工在二〇一六年美國大選期間進行了一場複雜的假資訊活動，那些諜報技術其實帶有許多蘇爾科夫導戲的特色。

《俄羅斯，實境秀》（*Nothing Is True and Everything Is Possible*）的作者彼得・波莫蘭契夫（Peter Pomerantsev）將蘇爾科夫描述成一個把俄羅斯政治變成真人秀的劇場導演，而那場真人秀上演的是「毫無民主自由的民主制度」。

波莫蘭契夫在二〇一四年寫道：「蘇爾科夫幫忙創造出一種新的威權主義，那種威權主義不是從上面鎮壓反對勢力，而是鑽進不同的利益團體中，從內部操縱他們。[20]」例如，「弗拉迪米爾．吉里諾夫斯基（Vladimir Zirinovsky）那樣的民族主義領袖是扮演右派小丑，讓普丁相較之下顯得溫和。」

波莫蘭契夫繼續寫道：「蘇爾科夫一手支持由前異議分子所組成的人權組織，另一手則是自行培植『納什*』（Nashi）那樣的親俄愛國青年團體，並指控人權領袖是西方世界的工具。」操弄各種團體，讓他們相互對立以製造混亂，是確保執政者掌握所有的傀儡、同時利用假資訊來重塑現實的一種方式。

俄羅斯在社群媒體上假扮成美國人及基層政治團體，以干擾二〇一六年的美國大選，就是利用蘇爾科夫這種操縱手法[21]。特別檢察官穆勒提交了一份三十七頁的起訴書，裡面提到一個複雜的陰謀，有數百名特工為「網路研究機構」（位於聖彼得堡的俄羅斯網軍基地）效勞。這些特工（其中一些人以虛假的名義造訪美國）建立了數百個虛假的社群媒體帳號，冒充（有時還盜用）真實美國人的身份，利用美國伺服器來掩飾他們在俄羅斯的位置。俄羅斯人利用這些虛構的人物，在臉書、

Instagram、推特、YouTube上發布資訊，並累積了大量的粉絲。他們的使命是：傳播有關希拉蕊的負面資訊（共和黨初選期間，也散播泰德．克魯茲〔Ted Cruz〕和馬克羅．魯比奧〔Marco Rubio〕的負面資訊），以及對整個政治體系的不信任。除了想辦法擴大選民在移民、宗教、種族等議題上的分歧以外，俄羅斯人還傳播假新聞，以提高川普的人氣、破壞希拉蕊的支持率。他們也幫忙籌劃及推動那些聲援川普的造勢活動，散布民主黨選舉舞弊的謠言，並開始「鼓勵美國少數族裔不要投票」，或投票給小黨的候選人。

一些俄羅斯特工的行動，看起來就像蘇爾科夫導戲的伎倆：例如，招募一個真的美國人來舉牌，上面畫著希拉蕊，並把她沒說過的話硬塞給她：「我認為伊斯蘭教法（Sharia Law）將是一個強大的自由新方向。」；請一個美國人在大型平板卡車上建造一個大籠子，並請另一個美國人假扮成希拉蕊，穿著囚服關在牢籠裡。

＊　在普丁政府支持下成立的青年組織，以建立「強大的俄羅斯」為宗旨。

波莫蘭契夫在《政客》上指出，蘇爾科夫在俄羅斯的目標始終如一：「讓俄羅斯一億四千多萬人對同性戀、上帝、撒旦、法西斯、中央情報局，以及牽強附會的地緣政治噩夢感到驚愕。[22]」確保俄羅斯總是處於失衡的狀態而且有點偏執，是讓大家全神貫注的一種方式，同時也鼓勵大家「向執政的『強人』尋求保護」。

蘇爾科夫除了戲劇及公關背景以外，也自詡為波希米亞人，他喜歡提及前衛的藝術家與後現代主義的思想家。波莫蘭契夫說，他把俄羅斯的電視臺轉變成「崇拜普丁的媚俗宣傳機器」[23]——不像以前的蘇聯電視節目那麼枯燥笨拙，而是表面上非常耀眼奪目，等於是把西方娛樂武器化以達成俄羅斯的目的。

外界常形容蘇爾科夫為俄羅斯當局精心策劃的宣傳有表演藝術的特質——舞臺效果不是為了傳達老派的蘇聯訊息，而是為了製造相互衝突的多重劇情，以令人混淆，以及模糊現實與虛構之間的區隔。俄羅斯在普丁和蘇爾科夫的聯手打造下，沒有共產主義的意識形態，只有波莫蘭契夫所說的「為了掌權及累積鉅額財富而濫權」。

為了達成這種虛無主義的願景，蘇爾科夫引用論點以否認客觀真相的存在。

他寫道：「在西方文明的理性主義典範中，虛偽是無可避免的」，因為「言論太線性、太正式，以至於無法充分反映所謂的現實」，也因為「假裝成根本不是你的模樣以隱藏意圖，是生物追求生存最重要的技巧。」他指出，在荷馬的經典作品中，真誠的阿基里斯（Achilles）不像「狡猾的」奧德修斯那麼令人信服。儘管奧德修斯是詭計多端的英雄，善於撒謊與欺騙，但最後倖存下來的是他。蘇爾科夫認為，所有的敘事皆視情況而異，所有的政客都是騙子，因此俄羅斯當局（以及川普）所提出的另類事實與其他人的事實一樣站得住腳。

二〇一七年十一月，俄羅斯網站RT發表了蘇爾科夫的一篇文章[24]，該文引用他受到德希達啟發的論點（有關語言的不可靠性，以及文字與意義之間的落差），來主張西方的「真實」與「透明」概念是天真又不成熟的。該文充滿了詭辯與歪理，體現了蘇爾科夫對世界的交易觀，把諷刺看得比真誠還重要，覺得狡詐比誠摯還實在，而且動不動就引用流行典故，例如重金屬樂團「五毒神掌」（**Five Finger Death Punch**）——蘇爾科夫還得意地引用該團歌曲〈Wash It All Away〉的歌詞。

蘇爾科夫那篇文章最後是以一段裝腔作勢的敘述結尾，那段文字是描述羅馬帝國如何取代羅馬共和國，以暗示共和國的失敗是因為它陷入了「複雜的制衡體系」，需要「簡單樹立的帝國提供協助」。他不祥地暗示，美國也等著「一隻強大的手」把它從日益混亂的環境中拉出來。這個論點呼應了美國右派反民主理念的思想[25]，亦即所謂的「新反動主義」（neoreaction，或NRx）。這派理念正在美國累積追隨者，並想像他們推舉出一位國家領導人，像毫無羈絆的執行長那樣治理國家。

蘇爾科夫在那篇RT文章中寫道：「漫畫早已預言西方之王、數位獨裁的創始人、擁有半人工智慧的領導人出現了。為什麼這些漫畫的預言尚未實現呢？」

第九章　網軍與酸民的幸災樂禍

「製造一些騷動，打亂原有的秩序，一切就會陷入混亂，我就是混亂特使。」

——《黑暗騎士》（*The Dark Knight*）中的小丑

蘇爾科夫似乎一心想把俄羅斯的虛無主義、反民主原則、對真相的蔑視一併輸出到西方。與此同時，美國自己則是疲於因應愈來愈多的憤世嫉俗。此外，在不信任與極右派的刺激下，那種憤世嫉俗的心態在二十一世紀的最初十幾年，開始固化成一種本土的虛無主義。那有部分是因為政治逐漸陷入黨派之爭，大家對嚴重失調的政治制度感到幻滅而連帶產生的心理。另一部分是因為科技變革、全球化、資料超載所帶來的混亂感。還有一部分則反映了中產階級的想法，他們覺得美國夢的基本承諾（例如平價住房、合宜的教育、給孩子更美好的未來），在二〇〇八年金融危機後實現的機率愈來愈渺茫了。那些「大到不能倒」的銀行幾乎沒有為二〇〇八年的金融危機付出什麼代價，多數的勞工階層仍努力收拾危機造成的殘局。貧富差距日益擴大，大學教育成本暴增，平價住房愈來愈遙不可及。

這種心態使很多選民容易相信川普對現狀的攻擊，也讓一些人試圖為他的交易型政治及無恥行為找藉口：既然所有的政客都在撒謊，何必對他的謊言感到不滿？既然這是弱肉強食的時代，何必為他的唯利是圖感到憤怒？在這方面，川普既是這個時代的症狀，也是危險的催化劑。他以驚人的速度違背自己的多數承諾，那更助長了許多人憤世嫉俗的心理：那種情緒不利於公民參與，諷刺的是，那反而助長了川普對我們的理想與制度的攻擊。

川普在他的著作裡明確顯示，他完全缺乏同理心，對世界一直抱著「狗咬狗」的看法：你不痛宰他人，就等著遭到痛宰，而且有仇必報。這是一種無情的暗黑觀點，是他的專橫父親弗雷德及早期的導師科恩塑造出來的。弗雷德給了他一種零和的世界觀，科恩則是建議他：遇到麻煩時，「攻擊，攻擊，再攻擊」[1]。

川普在著作《大膽想，出狠招》（*Think Big*）中宣稱：「世界是個可怕的地方，獅子為了填飽肚子而殘殺，但人類是為了好玩而獵殺。」[2]他也寫道：「使人想在火災、洪水等緊急狀況中搶劫、殺戮、偷竊的強烈貪念，也會在普通人的日常生活中運作。它就潛伏在表面下，並在你最意想不到的時候，抬起那骯髒的頭來咬你一口。你就接受它吧，世界是個殘酷的地方。人們會為了好玩或向朋友炫耀而消滅你。」

川普主要是透過他攻擊的人和制度來定義自己，例如希拉蕊、歐巴馬、詹姆士．柯米*（James Comey）、媒體、情報單位、聯邦調查局、司法體系、他認定的對手或威脅。他似乎總是在尋找敵人或代罪羔羊，侮辱移民、穆斯林、婦女、黑人。就這點來說，他的很多動機是負面心態驅動的——他有一股衝動想要廢除歐巴馬總統留下的制度，包括健保及環保政策；也想要廢除詹森總統一九六〇年代中期啟動「大社會計畫」（Great Society）以來所落實的社會安全網與公民自由保障。

---

* 美國聯邦調查局前局長，由歐巴馬提名，二〇一七年遭到川普終止職務。

「讓美國再次偉大」等於是把時間拉回一九五〇年代，使社會倒退到民權運動、婦女運動、LGBT*權利、「黑人的命也是命†」（Black Lives Matter）之前。

但川普不是唯一抱持這種負面想法與虛無主義的人。在國會中，許多共和黨人也放棄了理性、常識，以及決策的審議過程。有些人坦言，他們之所以投票支持稅賦法案，是因為有巨額捐款人的贊助。眾議員克里斯·柯林斯（Chris Collins）表示：「我的贊助者基本上是說：『你不投票讓那個法案過關的話，就別再打電話來了。』[3]」國會對於移民改革遲遲無法採取行動，年復一年拒絕對槍支進行管制，也導致悲劇接二連三地發生。

這一批共和黨人面對川普時，也完全忽視川普愈來愈多的謊言，以及他為重要的政府職位提名極不適任的人選；忽視他隨意又傲慢地破壞數十年來的國內外政策；也忽視他的魯莽決策（套用品瓊在《萬有引力之虹》中的說法，那些決策似乎是因「一時惱怒、突發奇想、幻覺、全然胡搞」而出現的[4]）。他們可能私下向記者吐露，他們對川普的能力或穩定性感到擔憂（當然，不許報導出來），但他們不會在公開場合這樣說，以免觸怒川普的支持者。這種憤世嫉俗的黨派之爭，只會把選民對政府的厭惡變成自我應驗預言。

華府的虛無主義反映了一些更普遍的感受，也是造成那些感受的原因：它反映了大家對制度日益失去信心，對法治及日常規範與傳統日益失去尊重，那是我們喪失文明的一種症狀，我們愈來愈難跟觀點不同的人進行相互尊重的辯論，也愈來愈不願先姑且相信人性，不願為無心之過留些餘地，不願禮貌地傾聽他人的想法。

是這樣一種感覺：生活是很隨機的，沒有意義的，也不在乎後果。想想《大亨小傳》（*The Great Gatsby*）裡的布坎南夫婦（Buchanans），「湯姆和黛西，他們這班人都是粗心的——他們把事情搞砸了、把人撞死了，就縮回錢堆裡，或回到他們漫不經心的兩人世界，丟下爛攤子讓別人收拾。[5]」這種現象也反映了《鬥陣俱樂部》（*Fight Club*）和米榭．韋勒貝克（Michel Houellebecq）那些刻意令人反感

* LGBT是女同性戀者（Lesbian）、男同性戀者（Gay）、雙性戀者（Bisexual）與跨性別者（Transgender）的英文首字母縮寫。

† 起源於美國黑人社群的維權運動，抗議針對黑人的暴力和系統性歧視。

的小說所獲得的推崇，以及戈馬克・麥卡錫（Cormac McCarthy）的《險路》（*No Country For Old Men*）和尼古・皮佐拉圖（Nic Pizzolatto）的HBO影集《無間警探》（*True Detective*）等調性陰冷的傑作所獲得主流的欣賞。

新的虛無主義是，維基解密發布美國的機密檔案[6]，卻沒有刪除可能與美軍接觸過的阿富汗百姓名字——國際特赦組織等民權團體警告，此舉可能對那些姓名曝光的人造成「致命的後果」。

新虛無主義是，有人靠著製造假新聞賺錢——據估計，每個月線上廣告的收入高達一萬美元[7]。美國國家公共電臺（NPR）報導，一個完全虛構的故事，配上標題寫著「涉嫌洩漏希拉蕊電郵的FBI幹員被發現死於明顯謀殺」，在臉書上分享了五十萬次以上。那個故事是加州一家名叫Disinfomedia的公司捏造的，該公司經營好幾個假新聞網站。NPR報導，Disinfomedia的創辦人傑斯汀・科爾（Jestin Coler）宣稱，他創辦那家公司是為了顯示假新聞有多容易傳播，他也說他很喜歡玩「這個遊戲」。他指出，他和旗下的假新聞寫手「也對自由派做類似的事情」，但效果不如向川普的支持者發布假新聞那麼容易爆紅。

新的虛無主義是，邁克爾・安東（Michael Anton）。他在川普任內擔任國家安全會議的高管，以筆名「普布利烏斯・德西烏斯・穆斯」＊（Publius Decius Mus）發表了一篇文章，標題是〈93號航班選舉〉（The Flight 93 Election）。在該文中，他把二〇一六年的選民困境和九一一恐攻事件中搭上聯合航空93號班機的乘客相比。他也把投票支持川普的選民比喻成衝向駕駛艙的乘客，他寫道：「不衝進駕駛艙的話，只能坐以待斃，反正你可能會死。你——或者你的黨派領袖——可能衝進駕駛艙，但不知道怎麼開飛機或讓飛機降落。沒有任何保證，唯一確定的是：不嘗試的話，必死無疑。[8]」

這種新的虛無主義以荒誕的殘忍行為呈現[9]，例如酸民嘲諷桑迪胡克小學槍擊案（Sandy Hook）遇害兒童的父母，指控他們蓄意散播騙局；酸民也對佛州帕克蘭（Parkland）高中校園槍擊案的倖存者做類似的攻擊。考慮到這些病態的攻擊，「武器化」（例如把諷刺武器化、把恐懼武器化、把模因武器化、把謊言武器化、把稅

＊ 羅馬執政官，紀元前三四〇年戰死沙場。

法武器化等等）在川普時代變成流行用語也就不足為奇了。

社群媒體上充斥著最糟糕的種族歧視、性別歧視以及惡毒殘酷的言論，而且還刻意加上眨眼或冷笑的表情符號。這些酸民被揪出來時，常說他們只是在開玩笑——就像川普每次發表過份的言論時，白宮助理也是辯稱川普只是在開玩笑或被誤解了。二〇一六年十一月，在一次另類右派的會議上，白人至上主義者理查・史賓塞（Richard Spencer）在演講結束時高喊：「川普萬歲！我們的人民萬歲！勝利萬歲！[10]」他那樣大呼口號後，現場觀眾回以納粹式的敬禮。事後有人問他的看法，他回應，觀眾「顯然是帶著諷刺與熱情的精神那樣做的」。

誠如研究人員馬威克和路易斯在〈線上媒體操縱與假資訊〉那項研究中所示，諷刺的法西斯主義可能變成一種誘導性的入門毒品，最後促成沒有諷刺意味的版本：「4chan網站上的酸民『語帶諷刺』地使用種族污衊的用語兩三個月後，更容易接受那些白人至上主義者深信的主張。[11]」

事實上，《赫芬頓郵報》報導，新納粹網站《風暴日報》（*The Daily Stormer*，目的是「向大眾傳播民族主義和反猶主義的訊息」）還為寫手提供了一份寫作風格指南[12]。例如，它建議「把一切問題都歸咎於猶太人」，並提供一套認可的種族詆毀清單，還令人心寒地建議寫手使用幽默語氣：「本站的基調應該是輕鬆的。」

那份寫作風格指南的作者建議：「尚未經過我們薰陶的人，應該無法判斷我們是不是在開玩笑。此外，嘲笑種族歧視者的刻板印象時，也要有自覺。我通常認為那是一種自嘲的幽默——我是種族歧視者，我嘲笑大家對種族歧視者的刻板印象，因為我不會把自己看得太嚴肅。」

「這顯然是一種策略，我真的想用毒氣毒死猶太人，但那不是重點。」

從性情與習慣來說，川普當然也算是酸民[13]。他的推文與隨便的嘲諷就是酸民的本質——充滿了謊言、嘲笑、謾罵、廢話；像憤怒、孤立、自私的青少年那樣口無遮攔，活在自己打造的泡沫中，以抨擊對手及恣意展現憤怒與不滿來獲得他渴望的關注。

即使當上了總統，他仍持續對個人與機構挑釁，不斷地在推特上發文及轉發辱罵、假新聞，以及狡詐的暗諷。二〇一七年的耶誕節前夕，他在推特上轉發了一張照片。照片上，他的鞋底有一塊血跡，上面標示著CNN，藉此再次詆毀媒體。二〇一三年，一位推特用戶稱川普是「推特上最大的酸民」，川普回應：「這是很大的讚美！」

記者約書亞．格林（Joshua Green）在二〇一七年出版的《魔鬼的交易》（*Devil's Bargain*）中透露了許多內幕。該書指出[14]，在玩家鬥爭議事件*（Gamergate）之後，班農招募了許多遊戲玩家——有年輕的、孤僻的、大多是白人男性——加入布萊巴特新聞網。雖然他們一開始沒有特別的意識形態傾向，但他們渴望向傳統體制扔炸彈，並把川普視為志同道合的人。格林寫道：「川普本人藉由轉發佩佩蛙†（Pepe the Frog）的照片，以及偶爾轉發白人民族主義者推特帳號的內容，來鞏固這個另類右派聯盟（他的員工堅稱他是無意間轉發的）。」

一些網路酸民使用相對主義的論點，堅稱他們宣揚的另類事實只是為對話增添一種聲音罷了，他們也堅稱客觀的真相不再存在——只有不同的觀感及不同的故事情節。他們顯然是惡意地使用後現代主義的論點。不過，比起德曼的捍衛者使用解構主義來為他的反猶太文章辯解（說他一九四〇年代為親納粹出版品所寫的文章沒有反猶太人的意思），這些另類右派的主張其實也沒有比較虛偽。

事實上，解構主義是非常虛無的，它意味著記者和史學家透過仔細收集及權衡證據來確定最佳事實的努力都是徒勞的。它認為理性是一種過時的價值觀，語言不是交流的工具，而是一種不穩定、欺騙性的介面，不斷地自我顛覆。解構主義的支持者不相信作者的意圖可以賦予文本意義（他們認為意義取決於讀者／觀眾／接收者怎麼看）。許多後現代主義者甚至認為，個人責任的概念被高估了，套用學者克里斯多夫・巴特勒（Christopher Butler）的說法，因為它助長了「過於小說化和資產階級的信念，以為個人的人類動力（human agency）比較重要，而不是歸因於潛在的經濟結構」[15]。

---

* 一場因為一位女性開發者與遊戲媒體人的私人關係，而牽扯出有關女權、遊戲媒體腐敗、遊戲產業性別歧視等多重議題的事件。

† 二〇一六年美國總統選舉期間，白人民族主義和另類右派開始使用佩佩蛙來吸引千禧世代，使佩佩蛙與川普拉上關係。

一九六〇年代，後現代主義在歐美興起時，是一種反獨裁主義的學說，它提議推翻舊有的人文傳統。隨著其諷刺、自我意識、挖苦的信條滲入大眾文化後，誠如華萊士在九〇年代初期所說的[16]，它可以用來化解一九五〇年代那個《天才小麻煩》（*Leave It To Beaver*）的世界所呈現出來的虛偽與沾沾自喜。在那個世界看起來愈來愈荒謬的時代，它就像是一次炸毀舊有虛假信念與傳統的殺手鐧。它也促成一些真正的創新及大膽的藝術創作，例如華萊士所寫的《無盡的玩笑》（*Infinite Jest*）。

在一篇關於當代文化的長篇文章中，華萊士主張，雖然後現代的諷刺可能是摧毀事物的強大工具，但它本質上是一種「批判及破壞性的」理論——擅長清除垃圾，但是「在構建任何東西來取代它揭穿的虛偽方面，特別無用」。他寫道，它助長了憤世嫉俗的傳播，使作家謹慎留意真誠和「原創性、深度、正直等復古價值」；它使「那些喜歡嘲諷他人的人免於遭到嘲諷」，同時稱讚「那些助長嘲諷的人，比那些仍沉迷於過時虛偽的多數人更好」。那些另類右派的酸民想要假裝他們不是真的偏執、只是在開玩笑時，就會採取這種「我說的話不是真心的」態度。

一九九三年，華萊士曾把兩位名人視為「後現代主義的諷刺有毒」的象徵。如今回顧起來，他們彷彿是川普崛起的先兆。第一位是喬・五十鈴（Joe Isuzu），他是一九八〇年代五十鈴汽車的滑稽廣告明星——套用華萊士的形容，他是一種「油腔滑調、看起來賊頭賊腦的汽車業務員」。他在廣告中「大肆吹噓五十鈴使用正宗的駱馬皮椅，還可以開在水面上」——嘲諷不誠實的業務員，並鼓勵觀眾「慶幸自己聽得出來他是在開玩笑」。喬・五十鈴很喜歡說：「我向你保證！[17]」這時廣告上方的跑馬燈會同時顯示一份無聲的免責聲明：「他在撒謊。」華萊士提到的第二位名人是電臺主持人林博，他說林博示範了「一種對你眨眼及輕推、並假裝他只是在開玩笑的仇恨」。

華萊士認為，後現代主義所遺留下來的是「諷刺、憤世嫉俗、狂躁的厭煩、對所有權威的懷疑、對所有行為約束的懷疑，以及習慣把令人不快的言論解讀成諷刺，只會診斷與嘲諷，而不是展現出扳回一城的志氣。你要明白，這些東西已經滲透到文化裡了，變成我們的語言」——「後現代的諷刺變成了我們的環境」，我們在這種水裡游動著。

後記

尼爾・波茲曼（Neil Postman）於一九八五年出版了洞察敏銳的《娛樂至死》（*Amusing Ourselves to Death*）。他在書中主張，「電力插頭帶來的科技干擾」對我們的文化對話造成不可磨滅的改變[1]，使那些對話變得更瑣碎、無關緊要，也使它傳達的資訊「變得簡化、缺乏實質內容、沒有歷史性、失去脈絡；也就是說，資訊被包裝成娛樂」。

波茲曼寫道：「相較於擔心自己是否符合本行的專業要件，我們的神職人員和總統，外科醫師和律師，教育工作者和新聞播報者，更需要在意的是表演技能的要求。[2]」

波茲曼所謂的「電力插頭」是指電視，但他的觀察更適用於網路時代。在這個時代，資料超載確保最閃亮的物件——最響亮的聲音、最駭人聽聞的觀點——吸引我們的注意力，也獲得最多的點擊與熱議。

在《娛樂至死》中，波茲曼比較赫胥黎（Aldous Huxley）在《美麗新世界》（*Brave New World*）中描繪的反烏托邦願景（人們過著催眠般的生活，因迷幻藥與瑣碎的娛樂而變得死氣沉沉），與歐威爾在《一九八四》中創造的反烏托邦願景（人們活在老大哥的高壓獨裁統治下）。

波茲曼寫道：「歐威爾擔心有人奪走我們原本可以接收到的資訊；赫胥黎害怕有人給我們太多資訊，使我們變得消極、自大。歐威爾擔心真相遭到隱瞞；赫胥黎害怕真相淹沒在多如牛毛的繁瑣小事中。」[3]

誠如波茲曼所見，赫胥黎的反烏托邦在二十世紀末實現了。波茲曼認為，歐威爾對極權國家的恐懼適用於蘇聯，但赫胥黎所描述的噩夢（「毫不掩飾的瑣事」麻痺了人民，使人民無法負起公民應盡的責任[4]）更貼近西方的自由民主所面臨的威脅（別忘了，那是在一九八五年）。

波茲曼以上的觀察超前了時代，喬治・桑德斯（George Saunders）的文章呼應了他的觀點。桑德斯在一篇題為〈腦死擴音器〉（The Braindead Momaphone，2007年）的文章中認為，多年來，媒體對O．J．辛普森（O. J. Simpson）和莫妮卡．陸文斯基（Monica Lewinsky）的報導，危險地削弱了我們的國家對話。他寫道，我們的國家語言變得非常弱智——同時兼具以下特色：「咄咄逼人、令人焦慮、傷感、兩極分化」[5]——以至於當我們想針對是否入侵伊拉克進行認真的辯論時，「我們不知所措，只能坐以待斃」；我們手中只有「一套我們一直用來討論辛普森等人的粗俗、誇張工具」。桑德斯寫道，一個叫「擴音器男」的傢伙自以為無所不知，但根本一無所知，對著擴音器吼叫著胡言亂語，擴音器的智力水準是設在「愚蠢」等級，音量則是設在「淹沒一切其他的聲音」。

儘管波茲曼對赫胥黎的觀察有先見之明（就像赫胥黎對我們這個分心的新時代有先見之明一樣），但他顯然低估了歐威爾的反烏托邦與現代的相關性。又或者，也許是川普本人，以及他與他的政府對真相的攻擊，使《一九八四》再次貼近現實[6]——讀者發現了這點，所以《一九八四》及鄂蘭的《極權主義的起源》在川普執政的那個月上了暢銷書排行榜。

川普的謊言；他重新定義現實的作法；他對規範、規則、傳統的破壞；他將仇恨言論主流化；他對媒體、司法、選舉制度的攻擊等等，都是民主監督組織「自由之家」提出警告的原因（川普執政的第一年「為美國的民主標準所帶來的侵害，比記憶中的任何時候更大、更快」[7]），也是歐威爾對威權國家的形容再次貼近現實的原因（在歐威爾描寫的威權國家中，老大哥試圖控制所有的敘事，並定義現在與過去）。

川普的所作所為，看起來常常像一套伊索寓言般的獨角戲——故事的寓意往往很容易解讀，例如「近朱者赤，近墨者黑」或「有人告訴你他是誰時，就相信他」。但因為他是美國總統，他的行為不會只留下故事寓意，而是會像有毒的海嘯那樣向外蔓延，為數百萬人的生活帶來浩劫。一旦他離任，他對美國制度與外交政策所造成的傷害，需要數年的時間才能修復。他的當選在一定程度上反映了社會中的更大動態（從政治中日益嚴重的黨派之爭，到社群媒體上的假訊息氾濫，再到同溫層裡的隔絕狀態），他即使離任，真相也無法回歸健全，至少不會馬上恢復。

羅斯說，他從來沒想到，「二十一世紀降臨在美國的最慘災難，竟然是一個自吹自擂的滑稽可笑人物，像義大利即興喜劇裡那種總是帶來厄運的荒謬角色」[8]。川普的荒謬與自戀、離譜謊言、極度無知，很容易吸引注意力，導致大家忽略了他所做的一切造成的持久影響：國會中的共和黨人輕易地放任他破壞開國元勳所建立的制衡概念；三分之一的美國人消極地接受他對憲法的攻擊；俄羅斯的假資訊輕易在我們這個歷史與公民教育嚴重萎縮的文化中扎根。

喬治·華盛頓一七九六年的告別演說詭異地預見了美國現在面臨的危險。他說，這個年輕的國家為了保護自己的未來，必須捍衛憲法，並對破壞政府內部權力分立與平衡的企圖保持警戒。那些權力分立與平衡是他和其他開國元勳精心設計的。

華盛頓警告，「狡猾、野心勃勃、無節操的人」可能崛起[9]，那種人可能試圖「顛覆人民的權力」，「篡奪政權，並於事後摧毀讓他們崛起並奪得政權的原動力。」

他也警告，「外國勢力的陰險詭計」以及「野心勃勃、墮落或受到蠱惑的公民」有多危險，他說那些公民可能為了「背叛或犧牲美國的利益」，而為他們喜愛的外國奉獻自己。

最後，華盛頓也對「黨派精神的持續危害」（這種危害是透過「毫無根據的猜忌及假警報」來製造衝突）以及派系鬥爭（東方 vs. 西方、北方 vs. 南方、州 vs. 聯邦）對國家統一構成的危險提出警告。他指出，發現有人「意圖分化國家，或削弱目前把國內不同地區聯繫在一起的神聖紐帶」時，公民必須憤慨地反對。

美國開國的那個世代經常談到「共同利益」。華盛頓提醒民眾他們有「共同的關切」和「共同的利益」，以及在獨立革命中大家齊力奮鬥的「共同理念」。傑弗遜在就職演說中談到，這個新國家「為了共同的利益，齊心協力」[10]。共同的目標以及對現實的共同感受很重要，因為當時它們把各自分立的州與地區聯結在一起，形成一個國家；如今，它們對於全國對話的進行仍是不可或缺的要素。尤其現在川普、俄羅斯、另類右派的網軍正努力煽動華盛頓當初警告我們的黨派之爭，試圖挑起人民在種族、民族、宗教理念上的分歧，紅州和藍州之間的分歧，小鎮和大城之間的分歧。

目前的局面，沒有什麼簡單便捷的補救之道，但民眾必須擺脫憤世嫉俗及聽天由命的心態，因為獨裁者與渴望權力的政客就是依賴那些心態來破壞抵抗。那些在佛州帕克蘭高中槍擊案時倖存下來的學生就是這麼做，他們拒絕接受許多長輩的宿命論，化悲痛為行動，就此改變了全國的對話，並帶頭推動真正的槍支管制措施，以避免其他人遭受他們經歷的恐怖和傷亡。

與此同時，公民必須把開國元勳創建的制度視為支撐民主的支柱，並加以好好保護：套用華盛頓的說法，政府的三權分立（行政、立法、司法）是為了「相互制衡」[11]。開國元勳一致認同的另兩塊民主基石，對於培養有見識的大眾，讓他們睿智地挑選國家領袖來說，非常重要：教育及自由獨立的新聞媒體。

傑弗遜寫道，由於這個年輕的共和國是建立在「人可以用理性與事實來治理」的立論上[12]，「因此，我們的首要目標應該是，為每個人開闢通往事實的一切道路。迄今為止，我們發現最有效的方法是新聞自由。因此，新聞自由也是那些害怕自身行為遭到調查的人首先封閉的機制。」

傑弗遜繼續寫道：「所以，我確信，打開事實的大門，以及加強用理性檢驗一切的習慣，是我們可以釘鑄在繼任者手上最有效的枷鎖，以防他們任意地束縛人民。」

詹姆斯・麥迪遜（James Madison）的說法更簡潔一些：「一個沒有大眾資訊的民選政府，或缺乏工具取得大眾資訊的民選政府，不過是一場鬧劇或悲劇的序幕，或兩者皆是。[13]」缺少大家都認同的事實——不是共和黨和民主黨的事實，也不是如今壁壘分明的另類事實——就不可能針對政策進行理性的辯論，也沒有具體方法來評估公職的候選人，更沒有辦法讓民選官員對人民負責。沒有真相，民主勢必步履蹣跚。開國元勳體認到這點，如今那些希望民主繼續存活下去的人也必須體認這點。

註釋

序言

1 Hannah Arendt, *The Origins of Totalitarianism* (New York: Harcourt, 1973), 474.

2 Margaret Atwood, "My Hero: George Orwell," *Guardian*, Jan. 18, 2013.

3 Hannah Arendt, "Lying in Politics," in *Crises of the Republic* (New York: Harcourt, 1972), 6.

4 Jennifer Kavanagh and Michael D. Rich, *Truth Decay: An Initial Exploration of the Diminishing Role of Facts and Analysis in American Public Life* (Rand Corporation, 2018).

5 Glenn Kessler and Meg Kelly, "President Trump Made 2,140 False or Misleading Claims in His First Year," *Washington Post*, Jan. 10, 2018

6 Anoosh Chakelian, "Boris Johnson Resurrects the Leave Campaign's £350M for NHS Fantasy," *New Statesman*, Sept. 16, 2017.

7 Pope Francis, "Message of His Holiness Pope Francis for World Communications Day," Jan. 24, 2018, http://w2.vatican.va/content/francesco/en/messages/communications/documents/papa-francesco_20180124_messaggiocomunicazioni-sociali.html.

8 Jessica Estepa and Gregory Korte, "Obama Tells David Letterman: People No Longer Agree on What Facts Are," *USA Today*, Jan. 12, 2018.

9 "Read Sen. Jeff Flake's Speech Criticizing Trump," *CNN Politics*, Jan. 17, 2018.

10 Philip Bump, "Assessing a Clinton Argument That the Media Helped to Elect Trump," *Washington Pos*t, Sept. 12, 2017.

11 Maggie Haberman, Glenn Thrush, and Peter Baker, "Inside Trump's Hour-by-Hour Battle for Self-Preservation," *New York Times*, Dec. 9, 2017.

12 David Barstow, "Donald Trump's Deals Rely on Being Creative with the Truth," *New York Times*, July 16, 2016.

13 "An American Original," *Vanity Fair*, Nov. 2010.

14 Sally Yates, "Who Are We as a Country? Time to Decide," *USA Today*, Dec. 19, 2017.

第一章　理性的衰頹

1 youtube.com/watch?v=IxuuIPcQ9_I

2 林肯在伊利諾州史普林菲爾德（Springfield）的青年學會（Young Men's Lyceum）發表的演講〈我們政治制度的永存不朽〉（The Perpetuation of Our Political Institutions）。1838年1月27日，abrahamlincolnonline.org.

3 Alexander Hamilton, "Objections and Answers Respecting the Administration of the Government," Aug. 18, 1792, founders.archives.gov.

4 Martin Luther King Jr., *Stride Toward Freedom, in A Testament of Hope: The Essential Writings and Speeches of Martin Luther King Jr.*, ed. James M. Washington (San Francisco: HarperCollins, 1991), 472.

5 Barack Obama, "What I See in Lincoln's Eyes," CNN, June 28, 2005.

6 華盛頓就職演說，1789年4月30日。

7 Philip Roth, *American Pastoral* (New York: Vintage, 1988), 86.

8 Richard Hofstadter, *The Paranoid Style in American Politics, and Other Essays* (1965; New York: Vintage, 2008), 3.

9 同前，4.

10 "McCarthy-Welch Exchange," June 9, 1954, americanrhetoric.com.

11 麥卡錫致杜魯門的電報，1950年2月11日，archives.gov.

12 Hofstadter, *Paranoid Style in American Politics*, 39.

13 Encyclopaedia Britannica, s.v. "Know-Nothing Party."

14 Hofstadter, *Paranoid Style in American Politics*, 39.

15 Ishaan Tharoor, "Geert Wilders and the Mainstreaming of White Nationalism," *Washington Post*, Mar. 14, 2017; Elisabeth Zerofsky, "Europe's Populists Prepare for a Nationalist Spring," *New Yorker*, Jan. 25, 2017; Jason Horowitz, "Italy's Populists Turn Up the Heat as Anti-Migrant Anger Boils," *New York Times*, Feb. 5, 2018.

16 Ed Ballard, "Terror, Brexit, and U.S. Election Have Made 2016 the Year of Yeats," *Wall Street Journal*, Aug. 23, 2016.

17 William Butler Yeats, "The Second Coming," poetryfoundation.org.

18 "Tea Party Movement Is Full of Conspiracy Theories," Newsweek, Feb. 8, 2010.

19 Ariel Malka and Yphtach Lelkes, "In a New Poll, Half of Republicans Say They Would

Support Postponing 2020 Election If Trump Proposed It," *Washington Post*, Aug. 10, 2017.

20 Melissa Healy, "It's More Than the 'Rigged' Election: Voters Across the Political Spectrum Believe in Conspiracy Theories," *Los Angeles Times*, Nov. 3, 2016; Shankar Vedantam, "More Americans Than You Might Think Believe in Conspiracy Theories," NPR, June 4, 2014.

21 Eric Bradner, "Trump Praises 9/11 Truther's'Amazing' Reputation," *CNN Politics*, Dec. 2, 2015.

22 Maggie Haberman, Michael D. Shear, and Glenn Thrush, "Stephen Bannon Out at the White House After Turbulent Run," *New York Times*, Aug. 18, 2017.

23 Haberman, Thrush, and Baker, "Inside Trump's Hour-by-Hour Battle for Self-Preservation."

24 Greg Miller, Greg Jaffe, and Philip Rucker, "Doubting the Intelligence, Trump Pursues Putin and Leaves a Russian Threat Unchecked," *Washington Post*, Dec. 14, 2017; Carol D. Leonnig, Shane Harris, and Greg Jaffe, "Breaking with Tradition, Trump Skips President's Written Intelligence Report and Relies on Oral Briefings," *Washington Post*, Feb. 9, 2018.

25 Charlie Warzel and Lam Thuy Vo, "Here's Where Donald Trump Gets His News," *BuzzFeed*, Dec. 3, 2016; Dean Obeidallah, "Trump Talks Judgment, Then Cites National Enquirer," CNN, May 4, 2016.

26 Haberman, Thrush, and Baker, "Inside Trump's Hour-by-Hour Battle for Self-Preservation."

27 Alex Thompson, "Trump Gets a Folder Full of Positive News About Himself Twice a Day," *Vice News*, Aug. 9, 2017.

28 Benjamin Hart, "Trump on Unfilled State Department Jobs: 'I Am the Only One That Matters,' " *New York*, Nov. 3, 2017; Bill Chappell, " 'I'm the Only One That Matters,' Trump Says of State Dept. Job Vacancies," *The Two-Way*, NPR, Nov. 3, 2017.

29 Lydia Saad, "Americans Widely Support Tighter Regulations on Gun Sales," Gallup, Oct. 17, 2017.

30 Max Greenwood, "Poll: Nearly 9 in 10 Want DACA Recipients to Stay in US," *Hill*, Jan. 18, 2018.

31 Harper Neidig, "Poll: 83 Percent of Voters Support Keeping FCC's Net Neutrality Rules," Hill, Dec. 12, 2017; Cecilia Kang, "F.C.C. Repeals Net Neutrality Rules," *New York Times*, Dec. 14, 2017.

32 Susan Jacoby, *The Age of American Unreason* (New York: Pantheon, 2008), 307; Farhad Manjoo, *True Enough: Learning to Live in a Post-Fact Society* (Hoboken, N.J.: Wiley,

2008); Andrew Keen, *The Cult of the Amateur: How Today's Internet Is Killing Our Culture* (New York: Doubleday, 2007).

33 Jacoby, *Age of American Unreason*, xviii.

34 同前，307.

35 Al Gore, *The Assault on Reason* (New York: Penguin Press, 2007), 1.

36 同前，38–39.

37 Michiko Kakutani, "How Feuds and Failures Affected American Intelligence," *New York Times*, June 18, 2004; Michiko Kakutani, "All the President's Books (Minding History's Whys and Wherefores)," *New York Times*, May 11, 2006; Julian Borger, "The Spies Who Pushed for War," *Guardian*, July 17, 2003; Jason Vest and Robert Dreyfuss, "The Lie Factory," *Mother Jones*, Jan./Feb. 2004; Seymour M. Hersh, "Selective Intelligence," *New Yorker*, May 12, 2003; Michiko Kakutani,"Controversial Reports Become Accepted Wisdom," *New York Times*, Sept. 28, 2004; Dana Milbank and Claudia Deane, "Hussein Link to 9/11 Lingers in Many Minds," *Washington Post*, Sept. 6, 2003.

38 Kakutani, "All the President's Books."

39 Ken Adelman, "Cakewalk in Iraq," *Washington Post*, Feb. 13, 2002.

40 Michiko Kakutani, "From Planning to Warfare to Occupation, How Iraq Went Wrong," *New York Times*, July 25, 2006.

41 Eugene Kiely, "Donald Trump and the Iraq War," FactCheck.org, Feb. 19, 2016.

42 Philip Rucker and Robert Costa, "Bannon Vows a Daily Fight for 'Deconstruction of the Administrative State,' " *Washington Post*, Feb. 23, 2017.

43 Victor Cha, "Giving North Korea a 'Bloody Nose' Carries a Huge Risk to Americans," *Washington Post*, Jan. 30, 2018.

44 Bill Chappell, "World's Regard for U.S. Leadership Hits Record Low in Gallup Poll," NPR, Jan. 19, 2018; Laura Smith-Spark, "US Slumps in Global Leadership Poll After Trump's 1st Year," CNN, Jan. 18, 2018.

45 Michiko Kakutani, "The Cult of the Amateur," *New York Times*, June 29, 2007.

46 Tom Nichols, *The Death of Expertise: The Campaign Against Established Knowledge and Why It Matters* (New York: Oxford University Press, 2017), 20.

47 同前，11.

48 Carlos Ballesteros, "Trump Is Nominating Unqualified Judges at an Unprecedented Rate," *Newsweek*, Nov. 17, 2017; Paul Waldman, "Donald Trump Has Assembled the Worst Cabinet in American History," *The Plum Line* (blog), *Washington Post*, Jan. 19, 2017; Travis Waldron and Daniel Marans,"Donald Trump's Cabinet Is on Track to Be the Least Experienced in Modern History," *Huffington Post*, Nov. 24, 2016.

49 Tom DiChristopher, "Trump Once Again Seeks to Slash Funding for Clean Energy in 2019 Budget," CNBC, Jan. 31, 2018.

50 Brady Dennis, "Scott Pruitt, Longtime Adversary of EPA, Confirmed to Lead the Agency," *Washington Post*, Feb. 17, 2017; Umair Irfan, "Scott Pruitt Is Slowly Strangling the EPA," *Vox*, Jan. 30, 2018.

51 Alan Rappeport, "C.B.O. Head, Who Prizes Nonpartisanship, Finds Work Under G.O.P. Attack," *New York Times*, June 19, 2017; Steven Rattner, "The Boring Little Budget Office That Trump Hates," *New York Times*, Aug. 22, 2017

52 Lena H. Sun and Juliet Eilperin, "CDC Gets List of Forbidden Words: Fetus, Transgender, Diversity," *Washington Post*, Dec. 15, 2017.

53 George Orwell, *1984* (New York: Harcourt, Brace, 1949), 193.

54 Lisa Friedman, “Syria Joins Paris Climate Accord, Leaving Only U.S. Opposed,” *New York Times*, Nov. 7, 2017.

55 Lisa Friedman, “Expect Environmental Battles to Be‘Even More Significant’ in 2018,” *New York Times*, Jan. 5, 2018.

56 “President Trump’s War on Science,” New York Times, Sept. 9, 2017; “Attacks on Science,” Union of Concerned Scientists, ucsusa.org; Tanya Lewis, “A Year of Trump: Science Is a Major Casualty in the New Politics of Disruption,” *Scientific American*, Dec. 14, 2017; Joel Achenbach and Lena H. Sun, “Trump Budget Seeks Huge Cuts to Science and Medical Research, Disease Prevention,” *Washington Post*, May 23, 2017; Julia Belluz, “The GOP Tax Plan Would Blow a Hole in American Science,” Vox, Dec. 11, 2017.

57 Brady Dennis, “Trump Budget Seeks 23 Percent Cut at EPA, Eliminating Dozens of Programs,” *Washington Post*, Feb. 12, 2018.

58 “Marchers Around the World Tell Us Why They’re Taking to the Streets for Science,” *Science*, Apr. 13, 2017.

59 “How Will Leaving the EU Affect Universities and Research?,” Brexit Means⋯(podcast), *Guardian*, Sept. 13, 2017.

60 “Marchers Around the World Tell Us Why They’re Taking to the Streets for Science.”

61 Stefan Zweig, *The World of Yesterday* (New York: Viking Press, 1943), loc. 5297, 346, Kindle.

62 同前，419, 425, 924.

63 同前，403, 5352.

64 同前，5378, 5586.

65 同前，1269, 5400.

66 同前，2939

67 同前，5378.

第二章　新文化戰爭

1 David Lehman, *Signs of the Times: Deconstruction and the Fall of Paul de Man* (New York: Poseidon Press, 1991), 75. See also Michiko Kakutani,“Bending the Truth in a Million Little Ways,” *New York Times*, Jan. 17, 2006.

2 David Foster Wallace, "Host: Deep into the Mercenary World of Take-No-Prisoners Political Talk Radio," *Atlantic*, Apr. 2005.

3 Stephen Collinson and Jeremy Diamond, "Trump Again at War with 'Deep State' Justice Department," *CNN Politics*, Jan. 2, 2018.

4 Donald J. Trump, "Remarks at a Rally at Waukesha County Expo Center in Waukesha, Wisconsin," Sept. 28, 2016. Online by Gerhard Peters and John T. Woolley, *The American Presidency Project*, presidency.ucsb.edu/ws/index.php?pid=119201.

5 Ben Illing, "Trump Ran as a Populist. He's Governing as an Elitist. He's Not the First," *Vox*, June 23, 2017.

6 Andrew Marantz, "Trolls for Trump," *New Yorker*, Oct. 31, 2016.

7 Christopher Butler, *Postmodernism* (New York: Oxford University Press, 2002), 15.

8 Andrew Hartman, *A War for the Soul of America: A History of the Culture Wars* (Chicago: University of Chicago Press, 2015), 285.

9 Ishaan Tharoor, "Fukuyama's 'Future of History': Is Liberal Democracy Doomed?," *Time*, Feb. 8, 2012.

10 Freedom House, *Freedom in the World 2017*, freedomhouse.org.

11 Ishaan Tharoor, “The Man Who Declared the ‘End of History’ Fears for Democracy’s Future,” *Washington Post*, Feb. 9, 2017.

12 Jasmine C. Lee and Kevin Quealy, “The 425 People, Places, and Things Donald Trump Has Insulted on 推特: A Complete List,” *New York Times*, Jan. 3, 2018.

13 Donie O’Sullivan, “Russian Trolls Created 臉書 Events Seen by More Than 300,000 Users,” CNN, Jan. 26, 2018.

14 William J. Barber and Jonathan Wilson-Hartgrove, “Evangelicals Defend Trump’s Alleged Marital Infidelity. But His Infidelity to America Is Worse,” NBC News, Jan. 30, 2018.

15 Jennifer Hansler, “Conservative Evangelical Leader: Trump Gets a ‘Mulligan’ on His Behavior,” CNN, Jan. 23, 2018.

16 Allan Bloom, *The Closing of the American Mind* (New York: Simon & Schuster, 1987), 314.

17 Gertrude Himmelfarb, *On Looking into the Abyss: Untimely Thoughts on Culture and Society* (New York: Knopf, 1994), 135.

18 Joyce Appleby, Lynn Hunt, and Margaret Jacob, *Telling the Truth About History* (New

York: W. W. Norton, 1994), 8.

19 Shawn Otto, *The War on Science: Who's Waging It, Why It Matters, What We Can Do About It* (Minneapolis: Milkweed, 2016), 180–81.

20 同前，177.

21 George Orwell, "Looking Back on the Spanish War," *A Collection of Essays* (New York: Houghton Mifflin Harcourt, 1981), 199.

22 Deborah E. Lipstadt, *Denying the Holocaust: The Growing Assault on Truth and Memory* (New York: Free Press, 1993), loc. 19, Kindle. See also Michiko Kakutani, "When History Is a Casualty," *New York Times*, Apr. 30, 1993.

23 Michiko Kakutani, "The Pro-Nazi Past of a Leading Literary Critic," *New York Times*, Feb. 19, 1991.

24 Jon Wiener, "Deconstructing de Man," *Nation*, Jan. 9, 1988; Robert Alter, "Paul de Man Was a Total Fraud," *New Republic*, Apr. 5, 2014; Evelyn Barish, *The Double Life of Paul de Man* (New York: Liveright, 2014).

25 Barish, *Double Life of Paul de Man*; Jennifer Schuessler,"Revisiting a Scholar Unmasked

by Scandal," *New York Times*, Mar. 9, 2014; Louis Menand, "The de Man Case," *New Yorker*, Mar. 24, 2014.

26 Lehman, *Signs of the Times*, 163–64.

27 同前，180.

28 Kakutani, "Pro-Nazi Past of a Leading Literary Critic"; Paul de Man, "The Jews in Contemporary Literature," *Le Soir*, Mar. 4, 1941, reprinted in Martin McQuillan, *Paul de Man* (New York: Routledge, 2001).

29 Kakutani, "Pro-Nazi Past of a Leading Literary Critic."

30 Lehman, *Signs of the Times*, 137, 158, 234.

31 同前，238, 239, 243, 267.

32 David Brunnstrom, "Ahead of Trump Meeting, Abe Told Not to Take Campaign Rhetoric Literally," Reuters, Nov. 15, 2016.

33 Jonah Goldberg, "Take Trump Seriously but Not Literally? How, Exactly?," *Los Angeles Times*, Dec. 6, 2016.

第三章 「自我」與主觀性的興起

1 James Mottram, "Spike Jonze Interview: *Her* Is My'Boy Meets Computer' Movie," *Independent*, Jan. 31, 2014.

2 Christopher Lasch, *The Culture of Narcissism: American Life in an Age of Diminishing Expectations* (New York: W. W. Norton, 1979), 51, xiii, 239.

3 同前，36–38.

4 Tom Wolfe, "The 'Me' Decade and the Third Great Awakening," *New York*, Aug. 23, 1976.

5 Tim Wu, *The Attention Merchants: The Epic Scramble to Get Inside Our Heads* (New York: Alfred A. Knopf, 2016), 315.

6 David A. Fahrenthold and Robert O'Harrow Jr., "Trump: A True Story," *Washington Post*, Aug. 10, 2016; Kiran Khalid, "Trump: I'm Worth Whatever I Feel," CNNMoney.com, Apr. 21, 2011.

7 Scott Horsley, "Trump: Putin Again Denied Interfering in Election and 'I Really Believe' He Means It," *The Two-Way*, NPR, Nov. 11, 2017.

8 Transcripts, CNN, July 22, 2016, transcripts.cnn.com/TRANSCRIPTS/1607/22/nday.06.html.

9 Alexis de Tocqueville, *Democracy in America* (New York: Vintage, 1990), 215, 319, 318, 321.

10 James Barron, "Overlooked Influences on Donald Trump: A Famous Minister and His Church," *New York Times*, Sept. 5, 2016; Tom Gjelten, "How Positive Thinking, Prosperity Gospel Define Donald Trump's Faith Outlook," NPR, Aug. 3, 2016.

11 Tamara Keith, "Trump Crowd Size Estimate May Involve 'the Power of Positive Thinking,' " NPR, Jan. 22, 2017.

12 Mackenzie Weinger, "7 Pols Who Praised Ayn Rand," *Politico*, Apr. 26, 2012.

13 Kirsten Powers, "Donald Trump's 'Kinder, Gentler' Version," *USA Today*, Apr. 11, 2016.

14 Jonathan Freedland, "The New Age of Ayn Rand: How She Won Over Trump and Silicon Valley," *Guardian*, Apr. 10, 2017.

15 Philip Roth, "Writing American Fiction," *Commentary*, Mar. 1, 1961.

16 Tom Wolfe, "Stalking the Billion-Footed Beast: A Literary Manifesto for the New Social Novel," *Harper's*, Nov. 1989.

17 "From the Starr Referral: Clinton's Grand Jury Testimony, Part 4," *Washington Post*, washingtonpost.com/wp-srv/politics/special/clinton/stories/bctest092198_4.htm.

18 Roth, "Writing American Fiction."

19 Kakutani, "Bending the Truth in a Million Little Ways."

20 Laura Barton, "The Man Who Rewrote His Life," *Guardian*, Sept. 15, 2006.

21 Adam Begley, "The I's Have It: Duke's 'Moi' Critics Expose Themselves," *Lingua Franca*, Mar./Apr. 1994.

22 Michiko Kakutani, "Opinion vs. Reality in an Age of Pundits," *New York Times*, Jan. 28, 1994; Michiko Kakutani, "Fear of Fat as the Bane of Modernism," *New York Times*, Mar. 12, 1996.

23 Michiko Kakutani, "A Biographer Who Claims a License to Blur Reality," *New York Times*, Oct. 2, 1999.

24 同前。

25 Michiko Kakutani, "Taking Sides in Polemics over Plath," *New York Times*, Apr. 5, 1994; Janet Malcolm, *The Silent Woman* (New York: Knopf, 1994), loc. 67, 32, Kindle.

26 Sam Boyd, "Sarah Palin on Teaching Intelligent Design in Schools," *American Prospect*, Aug. 29, 2008; Massimo Pigliucci, "Is Sarah Palin a Creationist?," *LiveScience*, Sept. 1, 2008.

27 John Timmer, "Ohio School District Has 'Teach the Controversy' Evolution Lesson Plan,"

Ars Technica, May 18, 2016.

28 Rosie Gray, "Trump Defends White-Nationalist Protesters: 'Some Very Fine People on Both Sides,' " *Atlantic*, Aug. 15, 2017; Mark Landler, "Trump Resurrects His Claim That Both Sides Share Blame in Charlottesville Violence," *New York Times*, Sept. 14, 2017; Sonam Sheth, "Trump Equates Confederate Generals Robert E. Lee and Stonewall Jackson with George Washington in Bizarre Press Conference," *Business Insider*, Aug. 15, 2017; Dan Merica, "Trump Condemns 'Hatred, Bigotry, and Violence on Many Sides' in Charlottesville," *CNN Politics*, Aug. 13, 2017.

29 Naomi Oreskes and Erik M. Conway, *Merchants of Doubt* (New York: Bloomsbury Press, 2010), 6.

30 同前，34.

31 同前，6–7, 217.

32 同前，6, 215.

33 Alister Doyle, "Scientists Say United on Global Warming, at Odds with Public View," Reuters, May 15, 2013; NASA, "Scientific Consensus: Earth's Climate Is Warming,"

climate.nasa.gov/scientific-consensus/; Justin Fox, "97 Percent Consensus on Climate Change? It's Complicated," *Bloomberg*, June 15, 2017.

34 David Robert Grimes, "Impartial Journalism Is Laudable. But False Balance Is Dangerous," *Guardian*, Nov. 8, 2016.

35 Sarah Knapton, "BBC Staff Told to Stop Inviting Cranks on to Science Programmes," *Telegraph*, July 4, 2014.

第四章　現實的消失

1 Philip K. Dick, "The Electric Ant," in *Selected Stories of Philip K. Dick* (New York: Houghton Mifflin Harcourt, 2013), Kindle, p. 384 of 467.

2 Christopher Ingraham, "19 Kids Are Shot Every Day in the United States," *Washington Post*, June 20, 2017.

3 Roth, "Writing American Fiction."

4 Simon Kelner, "Perception Is Reality: The Facts Won't Matter in Next Year's General Election," *Independent*, Oct. 30, 2014; Roxie Salamon-Abrams, "Echoes of History? A Lesson Plan About

the Recent Rise of Europe's Far-Right Parties," *New York Times*, Apr. 19, 2017.

5 Lawrence Freedman, "Reagan's Southern Strategy Gave Rise to the Tea Party," *Salon*, Oct. 27, 2013.

6 Eugene Kiely, Lori Robertson, and Robert Farley,"President Trump's Inaugural Address," FactCheck.org, Jan. 20, 2017; Chris Nichols,"Mostly True: Undocumented Immigrants Less Likely to Commit Crimes Than U.S. Citizens," PolitiFact California, Aug. 3, 2017; Akhila Satish, "The Nobel Laureate Exclusion Act: No Future Geniuses Need Apply," *Wall Street Journal*, Sept. 14, 2017; Rani Molla, "The Top U.S. Tech Companies Founded by Immigrants Are Now Worth Nearly $4 Trillion," *Recode*, Jan. 12, 2018; "Fact Check: Donald Trump's Republican Convention Speech, Annotated," NPR, July 21, 2016.

7 Vivian Yee, "Donald Trump's Math Takes His Towers to Greater Heights," *New York Times*, Nov. 1, 2016; Marc Fisher and Will Hobson,"Donald Trump Masqueraded as Publicist to Brag About Himself," *Washington Post*, May 13, 2016; David Barstow, "Donald Trump's Deals Rely on Being Creative with the Truth," *New York Times*, July 16, 2016; Fahrenthold and O'Harrow, "Trump: A True Story."

8 Aaron Williams and Anu Narayanswamy,"How Trump Has Made Millions by Selling His Name," *Washington Post*, Jan. 25, 2017;"10 Donald Trump Business Failures," *Time*, Oct. 11, 2016.

9 Daniel J. Boorstin, *The Image* (New York: Macmillan, 1987), 11.

10 同前，65.

11 Laura Bradley, "Trump Bashes Schwarzenegger's *Celebrity Apprentice*, Forgets He Still Produces It," *Vanity Fair*, Jan. 6, 2017.

12 Boorstin, *Image*, 209–11.

13 同前，241, 212

14 https://en.wikiquote.org/wiki/Jean_Baudrillard; *Stanford Encyclopedia of Philosophy*, s.v. "Jean Baudrillard"; Jean Baudrillard, *Simulacra and Simulation* (Ann Arbor: University of Michigan Press, 1994).

15 Jorge Luis Borges, *Ficciones* (New York: Grove Press, 1962), loc. 21–22, 34, Kindle.

16 同前，33.

17 Thomas Pynchon, *Gravity's Rainbow* (New York: Viking Press, 1973), loc. 434, Kindle.

18 Brandon Harris, "Adam Curtis's Essential Counterhistories," *New Yorker*, Nov. 3, 2016.

19 Alice Marwick and Rebecca Lewis, "The Online Radicalization We're Not Talking About," *Select All*, May 18, 2017.

20 Alice Marwick and Rebecca Lewis, *Media Manipulation and Disinformation Online*, Data and Society Research Institute, May 15, 2017.

21 Marwick and Lewis, "Online Radicalization We're Not Talking About."

22 同前。

23 BBC Trending, "The Saga of 'Pizzagate': The Fake Story That Shows How Conspiracy Theories Spread," BBC News, Dec. 2, 2016.

24 Ali Breland, "Warner Sees Reddit as Potential Target for Russian Influence," *Hill*, Sept. 27, 2017; Roger McNamee, "How to Fix 臉書—Before It Fixes Us," *Washington Monthly*, Jan./Feb./Mar. 2018.

25 Renee DiResta, "Social Network Algorithms Are Distorting Reality by Boosting Conspiracy Theories," *Fast Company*, May 11, 2016.

第五章　語言的挪用

1 John le Carré, "Why We Should Learn German," *Guardian*, July 1, 2017.

2 James Carroll, *Practicing Catholic* (Boston: Houghton Mifflin Harcourt, 2009), 302.

3 George Orwell, "Politics and the English Language," in *A Collection of Essays by George Orwell* (Garden City, N.Y.: Anchor Books, 1954), 177.

4 Orwell, *1984*, Kindle.

5 Françoise Thom, *La langue de bois* (Paris: Julliard, 1987).

6 Roger Scruton, "Newspeak," in *The Palgrave Macmillan Dictionary of Political Thought*, 3rd ed. (New York: Palgrave Macmillan, 2007); "The Wooden Language," Radio Romania International, old.rri.ro/arhart.shtml?lang=1&sec=9&art=4166.

7 Ji Fengyuan, *Linguistic Engineering: Language and Politics in Mao's China* (Honolulu: University of Hawaii Press, 2003); Perry Link, "Mao's China: The Language Game," NYR Daily, May 15, 2015.

8 Timothy Snyder, "A New Look at Civilian Life in Europe Under Hitler," review of *An Iron Wind: Europe Under Hitler*, by Peter Fritzsche, *New York Times*, Nov. 22, 2016.

9 Victor Klemperer, *The Language of the Third Reich* (New York: Bloomsbury, 2013), 12, 15.

10 同前，54–55, 30, 118, 44–45.

11 同前，60–62, 5, 101–3.

12 同前，19.

13 同前，222, 227, 223, 224, 228.

14 Orwell, *1984* (New York: Signet Classics, 1950), 16.

15 Rebecca Savransky, "Trump: 'You Are Witnessing the Single Greatest WITCH HUNT in American Political History,' " *Hill*, June 15, 2017; Michael Finnegan, "Trump Attacks on Russia Investigation Threaten U.S. Democracy, Authors Say," *Los Angeles Times*, Feb. 6, 2018; Anne Gearan, "Trump's Attacks on Justice and FBI Echo Election Claims of a 'Rigged System,' " *Washington Post*, Feb. 2, 2018.

16 Jessica Estepa, "It's Not Just 'Rocket Man.' Trump Has Long History of Nicknaming His Foes," *USA Today*, Sept. 21, 2017; Theodore Schleifer and Jeremy Diamond, "Clinton Says Trump Leading 'Hate Movement'; He Calls Her a 'Bigot,' " *CNN Politics*, Aug. 25, 2016; "Excerpts from Trump's Interview with the Times," *New York Times*, Dec. 28, 2017.

17 Orwell, *1984*, 212.

18 Linda Qiu, "Donald Trump Had Biggest Inaugural Crowd Ever? Metrics Don't Show It," PolitiFact, Jan. 21, 2017.

19 Masha Gessen, "The Putin Paradigm," *NYR Daily*, Dec. 13, 2016.

20 Orwell, *1984*, 213.

21 Oliver Milman and Sam Morris, "Trump Is Deleting Climate Change, One Site at a Time," *Guardian*, May 14, 2017; Brian Kahn,"The EPA Has Started to Remove Obama-Era Information," *Climate Central*, Feb. 2, 2017; Leila Miller, "As 'Climate Change' Fades from Government Sites, a Struggle to Archive Data," *Frontline*, Dec. 8, 2017.

22 Megan Cerullo, "EPA Removes Climate Change Page from Website to Reflect New 'Priorities' Under President Trump," *New York Daily News*, Apr. 29, 2017; Bill McKibben, "The Trump Administration's Solution to Climate Change: Ban the Term," *Guardian*, Aug. 8, 2017; Oliver Milman, "US Federal Department Is Censoring Use of Term 'Climate Change,' Emails Reveal," *Guardian*, Aug. 7, 2017; Lydia Smith, "Trump Administration Deletes Mention of 'Climate Change' from Environmental Protection Agency's Website,"

Independent, Oct. 21, 2017; Michael Collins, "EPA Removes Climate Change Data, Other Scientific Information from Website," *USA Today*, Apr. 29, 2017; Oliver Milman and Sam Morris, "Trump Is Deleting Climate Change, One Site at a Time," *Guardian*, May 14, 2017.

23 Valerie Volcovici and P. J. Huffstutter, "Trump Administration Seeks to Muzzle U.S. Agency Employees," Reuters, Jan. 24, 2017; Lisa Friedman, "E.P.A. Cancels Talk on Climate Change by Agency Scientists," *New York Times*, Oct. 22, 2017; Dan Merica and Dana Bash, "Trump Admin Tells National Park Service to Halt Tweets," *CNN Politics*, Jan. 23, 2017.

24 Michiko Kakutani, "Donald Trump's Chilling Language, and the Fearsome Power of Words," *Vanity Fair*, Jan. 21, 2017.

25 Aidan Quigley, "Make America Spell Again? 25 of Donald Trump's 推特 Spelling Errors," *Newsweek*, June 25, 2017; Jennifer Calfas,"Trump's Official Inauguration Poster Has Glaring Typo," *Hill*, Feb. 12, 2017; Eli Rosenberg, " 'State of the Uniom': Misspelled Tickets to President Trump's First Address Require a Reprint," *Washington Post*, Jan. 29, 2018.

26 Elizabeth Landers, "White House: Trump's Tweets Are 'Official Statements,' " *CNN Politics*, June 6, 2017; Matthew Weaver, Robert Booth, and Ben Jacobs, "Theresa May Condemns

Trump's Retweets of UK Far-Right Leader's Anti-Muslim Videos," *Guardian*, Nov. 29, 2017.

27 Steven Erlanger, " 'Fake News,' Trump's Obsession, Is Now a Cudgel for Strongmen," *New York Times*, Dec. 12, 2017; Anne Applebaum, "The'Trump Effect' Will Help Authoritarians Around the World," *Washington Post*, May 4, 2016; "Record Number of Journalists Jailed as Turkey, China, Egypt Pay Scant Price for Repression," Committee to Protect Journalists, Dec. 13, 2017.

28 Ruth Ben-Ghiat, "An American Authoritarian," *Atlantic*, Aug. 10, 2016.

29 Umberto Eco, "Ur-fascism," *New York Review of Books*, June 22, 1995.

30 "Full Text: Donald Trump 2016 RNC Draft Speech Transcript," *Politico*, July 21, 2016.

第六章　同溫層，壁壘，派系

1 Rudyard Kipling, *The Light That Failed, in Selected Works of Rudyard Kipling* (New York: Collier & Son, 1900), 2:61.

2 Deborah Solomon, "Goodbye (Again), Norma Jean," *New York Times*, Sept. 19, 2004.

3 Pew Research Center, *Partisanship and Political Animosity in 2016*, June 22, 2016.

4 David Nakamura and Lisa Rein, "It's 'Very Gold': The Presidential Coin Undergoes a Trumpian Makeover," *Washington Post*, Dec. 22, 2017.

5 Bill Bishop, *The Big Sort: Why the Clustering of Like-Minded America Is Tearing Us Apart* (New York: Houghton Mifflin Harcourt, 2008), 130–32, 12.

6 同前，216.

7 同前，232.

8 Pew Research Center, "Sharp Partisan Divisions in Views of National Institutions," July 10, 2017.

9 Ronald Brownstein, *The Second Civil War: How Extreme Partisanship Has Paralyzed Washington and Polarized America* (New York: Penguin Press, 2007), loc. 4247, Kindle.

10 Molly Ball, "Why Hillary Clinton Lost," *Atlantic*, Nov. 15, 2016.

11 Pew Research Center, "Political Polarization in the American Public," June 12, 2014; Pew Research Center, *Partisanship and Political Animosity in 2016*.

12 Julian E. Zelizer, "The Power That Gerrymandering Has Brought to Republicans," *Washington Post*, June 17, 2016; Ronald Brownstein,"America, a Year Later," *State: The Digital Magazine from CNN Politics*, Nov. 2017.

13 Pew Research Center, "Political Polarization in the American Public"; Pew Research Center, *Partisanship and Political Animosity in 2016*.

14 "The Four Corners of Deceit: Prominent Liberal Social Psychologist Made It All Up," *Rush Limbaugh Show*, Apr. 29, 2013.

15 Dylan Matthews, "Everything You Need to Know About the Fairness Doctrine in One Post," *Washington Post*, Aug. 23, 2011; Yochai Benkler et al., "Study: Breitbart-Led Right-Wing Media Ecosystem Altered Broader Media Agenda," *Columbia Journalism Review*, Mar. 3, 2017; Maggie Haberman and Glenn Thrush, "Bannon in Limbo as Trump Faces Growing Calls for the Strategist's Ouster," *New York Times*, Aug. 14, 2017; Michael J. de la Merced and Nicholas Fandos,"Fox's Unfamiliar but Powerful Television Rival: Sinclair," *New York Times*, May 3, 2017.

16 John Ziegler, "How Donald Trump's Election Has Helped Me Decide to End My National Radio Show," *Mediaite*, Dec. 18, 2016.

17 Charles Sykes, "How the Right Lost Its Mind and Embraced Donald Trump," *Newsweek*, Sept. 21, 2017; Charles Sykes, "Charlie Sykes on Where the Right Went Wrong," *New York*

Times, Dec. 15, 2016.

18 Benkler et al., "Study: Breitbart-Led Right-Wing Media Ecosystem Altered Broader Media Agenda"; Alexandra Topping, " 'Sweden, Who Would Believe This?' Trump Cites Non-existent Terror Attack," *Guardian*, Feb. 19, 2017; Samantha Schmidt and Lindsey Bever, "Kellyanne Conway Cites 'Bowling Green Massacre' That Never Happened to Defend Travel Ban," *Washington Post*, Feb. 3, 2017.

19 Alexander Nazaryan, "John McCain Cancer Is 'Godly Justice' for Challenging Trump, Alt-Right Claims," *Newsweek*, July 20, 2017.

20 Andrew Sullivan, "America Wasn't Built for Humans," *New York*, Sept. 19, 2017.

21 Elizabeth Kolbert, "Why Facts Don't Change Our Minds," *New Yorker*, Feb. 27, 2017.

22 Cass Sunstein, *Going to Extremes: How Like Minds Unite and Divide* (New York: Oxford University Press, 2009), 87.

23 同前，4.

24 Sykes, "How the Right Lost Its Mind and Embraced Donald Trump"; Sykes, "Charlie Sykes on Where the Right Went Wrong."

25 Charles Sykes, *How the Right Lost Its Mind* (New York: St. Martin's Press, 2017), 180.

26 Eli Pariser, *The Filter Bubble: What the Internet Is Hiding from You* (New York: Penguin Press, 2011), 3.

27 同前，16.

28 Eli Pariser, "Beware Online 'Filter Bubbles,' " TED2011, ted.com.

第七章　注意力缺陷

1 William Gibson, *Zero History* (New York: Putnam, 2010), 212.

2 "History of the Web: Sir Tim Berners-Lee," World Wide Web Foundation.

3 Jaron Lanier, *You Are Not a Gadget* (New York: Alfred A. Knopf, 2010), loc. 332–33, Kindle.

4 Nicholas Carr, *The Shallows: What the Internet Is Doing to Our Brains* (New York: W. W. Norton, 2010), 91.

5 Wu, *Attention Merchants*, 320.

6 同前，322.

7 'Who Shared It?' How Americans Decide What News to Trust on Social Media," American Press Institute, Mar. 20, 2017; Elisa Shearer and Jeffrey Gottfried, "News Use Across Social Media Platforms 2017," Pew Research Center, Sept. 7, 2017.

8 "Yellow Journalism," in *Crucible of Empire: The Spanish-American War*, PBS, pbs.org; Jacob Soll, "The Long and Brutal History of Fake News," *Politico*, Dec. 18, 2016; "Gaius Julius Caesar: The Conquest of Gaul," Livius.org.

9 Kevin Roose, "After Las Vegas Shooting, Fake News Regains Its Megaphone," *New York Times*, Oct. 2, 2017; Jennifer Medina, "A New Report on the Las Vegas Gunman Was Released. Here Are Some Takeaways," *New York Times*, Jan. 19, 2018.

10 Craig Silverman, "This Analysis Shows How Viral Fake Election News Stories Outperformed Real News on 臉書," *BuzzFeed*, Nov. 16, 2016.

11 Oxford Internet Institute, "Trump Supporters and Extreme Right'Share Widest Range of Junk News,' " Feb. 6, 2018; Ishaan Tharoor, " 'Fake News' and the Trumpian Threat to Democracy," *Washington Post*, Feb. 7, 2018; Shawn Musgrave and Matthew Nussbaum, "Trump Thrives in Areas That Lack Traditional News Outlets," *Politico*, Apr. 8, 2018.

12 Pierre Omidyar, “6 Ways Social Media Has Become a Direct Threat to Democracy,” *Washington Post*, Oct. 9, 2017; Omidyar Group, *Is Social Media a Threat to Democracy?*, Oct. 1, 2017.

13 Olivia Solon, “Tim Berners-Lee on the Future of the Web: ‘The System Is Failing,’ ” *Guardian*, Nov. 15, 2017.

14 McNamee, “How to Fix 臉書—Before It Fixes Us”; Nicholas Thompson and Fred Vogelstein, “Inside the Two Years That Shook 臉書—and the World,” *Wired*, Feb. 12, 2018.

15 Michael Lewis, “Has Anyone Seen the President?,” *Bloomberg View*, Feb. 9, 2018.

16 Matea Gold and Frances Stead Sellers, “After Working for Trump’s Campaign, British Data Firm Eyes New U.S. Government Contracts,” *Washington Post*, Feb. 17, 2017; Nicholas Confessore and Danny Hakim, “Data Firm Says ‘Secret Sauce’ Aided Trump; Many Scoff,” *New York Times*, Mar. 6, 2017; Joshua Green and Sasha Issenberg, “Inside the Trump Bunker, with Days to Go,” *Bloomberg*, Oct. 27, 2016.

17 Matthew Rosenberg and Gabriel J.X. Dance, “ ‘You Are the Product’: Targeted by Cambridge Analytica on 臉書,” *New York Times*, Apr. 8, 2018; Carole Cadwalladr and Emma Graham-Harrison, “Revealed: 50 Million 臉書 Profiles Harvested for Cambridge

Analytica in Major Data Breach," *Guardian*, Mar. 17, 2018; Olivia Solon, "臉書 Says Cambridge Analytica May Have Gained 37m More Users' Data," *Guardian*, Apr. 4, 2018.

18 Craig Timberg, Karla Adam, and Michael Kranish, "Bannon Oversaw Cambridge Analytica's Collection of 臉書 Data, According to Former Employee," *Washington Post*, Mar. 20, 2018; Isobel Thompson, "The Secret History of Steve Bannon and Alexander Nix, Explained," *Vanity Fair*, Mar. 21, 2018.

19 Lesley Stahl, "臉書 'Embeds,' Russia, and the Trump Campaign's Secret Weapon," *60 Minutes*, Oct. 8, 2017.

20 Green and Issenberg, "Inside the Trump Bunker, with Days to Go"; David A. Graham, "Trump's 'Voter Suppression Operation' Targets Black Voters," *Atlantic*, Oct. 27, 2016.

21 Shane Harris, "Russian Hackers Who Compromised DNC Are Targeting the Senate, Company Says," *Washington Post*, Jan. 12, 2018; Raphael Satter, "Inside Story: How Russians Hacked the Democrats' Emails," Associated Press, Nov. 4, 2017; Priyanka Boghani, "How Russia Looks to Gain Through Political Interference," *Frontline*, Dec. 23, 2016; Rick Noack, "Everything We Know So Far About Russian Election Meddling in

Europe," *Washington Post*, Jan. 10, 2018; U.S. Senate, Committee on Foreign Relations, *Putin's Asymmetric Assault on Democracy in Russia and Europe: Implications for U.S. National Security*, 115th Cong., 2nd sess., Jan. 10, 2018.

22 David Ingram, "臉書 Says 126 Million Americans May Have Seen Russia-Linked Political Posts," Reuters, Oct. 30, 2017; Shane Goldmacher, "America Hits New Landmark: 200 Million Registered Voters," *Politico*, Oct. 19, 2016; Scott Shane, "These Are the Ads Russia Bought on 臉書 in 2016," *New York Times*, Nov. 1, 2017; Leslie Shapiro, "Anatomy of a Russian 臉書 Ad," *Washington Post*, Nov. 1, 2017.

23 Craig Timberg et al., "Russian Ads, Now Publicly Released, Show Sophistication of Influence Campaign," *Washington Post*, Nov. 1, 2017.

24 Jack Nicas, "How YouTube Drives People to the Internet's Darkest Corners," *Wall Street Journal*, Feb. 7, 2018; Paul Lewis, " 'Fiction Is Outperforming Reality': How YouTube's Algorithm Distorts Truth," *Guardian*, Feb. 2, 2018; Jon Swaine, "推特 Admits Far More Russian Bots Posted on Election Than It Had Disclosed," *Guardian*, Jan. 19, 2018; Philip N. Howard et al., "Social Media, News, and Political Information During the US Election: Was

Polarizing Content Concentrated in Swing States?," Computational Propaganda Research Project, Sept. 28, 2017.

25 Ben Popken and Kelly Cobiella, "Russian Troll Describes Work in the Infamous Misinformation Factory," NBC News, Nov. 16, 2017; Scott Shane, "The Fake Americans Russia Created to Influence the Election," *New York Times*, Sept. 7, 2017.

26 Ryan Nakashima and Barbara Ortutay, "Russia 推特 Trolls Deflected Trump Bad News," *USA Today*, Nov. 10, 2017; Issie Lapowsky, "Pro-Kremlin 推特 Trolls Take Aim at Robert Mueller," *Wired*, Jan. 5, 2018.

27 Neidig, "Poll: 83 Percent of Voters Support Keeping FCC's Net Neutrality Rules"; Todd Shields, "FCC Got 444,938 Net-Neutrality Comments from Russian Email Addresses," *Bloomberg*, Nov. 29, 2017; "Over Half of Public Comments to FCC on Net Neutrality Appear Fake: Study," Reuters, Nov. 29, 2017; Susan Decker, "FCC Rules Out Delaying Net Neutrality Repeal over Fake Comments," *Bloomberg*, Jan. 5, 2018; Jon Brodkin, "FCC Stonewalled Investigation of Net Neutrality Comment Fraud, NY AG Says," *Ars Technica*, Nov. 22, 2017; Brian Fung, "FCC Net Neutrality Process 'Corrupted' by Fake Comments and

Vanishing Consumer Complaints, Officials Say," *Washington Post*, Nov. 24, 2017; James V. Grimaldi and Paul Overberg, "Millions of People Post Comments on Federal Regulations. Many Are Fake," *Wall Street Journal*, Dec. 12, 2017; James V. Grimaldi and Paul Overberg, "Many Comments Critical of 'Fiduciary' Rule Are Fake," *Wall Street Journal*, Dec. 27, 2017.

28 Samantha Bradshaw and Philip N. Howard,"Troops, Trolls, and Troublemakers: A Global Inventory of Organized Social Media Manipulation," Computational Propaganda Research Project, working paper no. 2017.12.

29 Omidyar, "6 Ways Social Media Has Become a Direct Threat to Democracy"; Omidyar Group, *Is Social Media a Threat to Democracy?*

30 Julia Munslow, "Ex-CIA Director Hayden: Russia Election Meddling Was 'Most Successful Covert Operation in History,' " *Yahoo News*, July 21, 2017; Cynthia McFadden, William M. Arkin, and Kevin Monahan, "Russians Penetrated U.S. Voter Systems, Top U.S. Official Says," NBC News, Feb. 8, 2018; Harris,"Russian Hackers Who Compromised DNC Are Targeting the Senate."

31 Shannon O'Neil, "Don't Let Mexico's Elections Become Putin's Next Target," *Bloomberg*

View, Nov. 9, 2017; Jason Horowitz, “Italy, Bracing for Electoral Season of Fake News, Demands 臉書’s Help,” *New York Times*, Nov. 24, 2017; Yasmeen Serhan, “Italy Scrambles to Fight Misinformation Ahead of Its Elections,” *Atlantic*, Feb. 24, 2018; “Italy Warns of Election Threat as Rival Parties Court Russia,” ABC News, Feb. 21, 2018.

32 Olivia Solon, “The Future of Fake News: Don’t Believe Everything You Read, See, or Hear,” *Guardian*, July 26, 2017; Cade Metz and Keith Collins, “How an A.I. ‘Cat-and-Mouse Game’ Generates Believable Fake Photos,” *New York Times*, Jan. 2, 2018; James Vincent, “New AI Research Makes It Easier to Create Fake Footage of Someone Speaking,” *Verge*, July 12, 2017; David Gershgorn, “AI Researchers Are Trying to Combat How AI Can Be Used to Lie and Deceive,” Quartz, Dec. 8, 2017; *Stanford Encyclopedia of Philosophy*, s.v. “Jean Baudrillard.”

第八章　噴灑謊言：宣傳與假新聞

1 Robert A. Heinlein, “If This Goes On—,” in *Revolt* in 2100 (New York: Spectrum, 2013), Kindle.

2 Peter Pomerantsev, “Putin’s Rasputin,” *London Review of Books*, Oct. 20, 2011.

3 V. I. Lenin, “Report to the Fifth Congress of the R.S.D.L.P. on the St. Petersburg Split and the Institution of the Party Tribunal Ensuing Therefrom,” in Lenin Collected Works, vol. 12 (Moscow: Foreign Languages Publishing House, 1962).

4 Anne Applebaum, “100 Years Later, Bolshevism Is Back. And We Should Be Worried,” *Washington Post*, Nov. 6, 2017.

5 Victor Sebestyen, *Lenin: The Man, the Dictator, and the Master of Terror* (New York: Pantheon Books, 2017), 3.

6 Ryan Lizza, “Steve Bannon Will Lead Trump’sWhite House,” *New Yorker*, Nov. 14, 2016.

7 Jane Mayer, “The Reclusive Hedge-Fund Tycoon Behind the Trump Presidency,” *New Yorker*, Mar. 27, 2017.

8 Sebestyen, *Lenin*, 3.

9 “Propaganda: Goebbels’ Principles,” physics.smu.edu/pseudo/Propaganda/goebbels.html; Michiko Kakutani, “In ‘Hitler,’ an Ascent from‘Dunderhead’ to Demagogue,” *New York Times*, Sept. 27, 2016; Michiko Kakutani,“ ‘How Propaganda Works’ Is a Timely Reminder

for a Post-Truth Age," *New York Times*, Dec. 26, 2016.

10 Volker Ullrich, *Hitler: Ascent*, 1889–1939 (New York: Knopf, 2016), 94. See also Kakutani, "In 'Hitler,' an Ascent from 'Dunderhead' to Demagogue."

11 Adolf Hitler, *Mein Kampf* (Boston: Houghton Mifflin, 1943), vol. 2, loc. 10605, Kindle.

12 Arendt, *Origins of Totalitarianism*, 382.

13 Christopher Paul and Miriam Matthews, "The Russian'Firehose of Falsehood' Propaganda Model" (Rand Corporation, 2016), 1.

14 同前，5.

15 同前，3, 4.

16 twitter.com/Kasparov63/status/808750564284702720.

17 T. S. Eliot, Four Quartets (New York: Harcourt Brace Jovanovich, 1971), 17.

18 Zeynep Tufekci, *Twitter and Tear Gas: The Power and Fragility of Networked Protest* (New Haven, Conn.: Yale University Press, 2017), 228–32.

19 Pomerantsev, "Putin's Rasputin."

20 Peter Pomerantsev, "Russia's Ideology: There Is No Truth," *New York Times*, Dec. 11, 2014.

21 Priscilla Alvarez and Taylor Hosking, "The Full Text of Mueller's Indictment of 13 Russians," *Atlantic*, Feb. 16, 2018; Adrian Chen,"The Agency," *New York Times Magazine*, June 2, 2015.

22 Peter Pomerantsev, "Inside Putin's Information War," *Politico*, Jan. 4, 2015.

23 Pomerantsev, "Putin's Rasputin.

24 Vladislav Surkov, "Crisis of Hypocrisy. 'I Hear America Singing,' " RT, Nov. 7, 2017.

25 Andrew Sullivan, "The Reactionary Temptation," *New York*, Apr. 30, 2017; Rosie Gray, "Behind the Internet's Anti-Democracy Movement," *Atlantic*, Feb. 10, 2017; Kelefa Sanneh, "Intellectuals for Trump," *New Yorker*, Jan. 9, 2017.

第九章　網軍與酸民的幸災樂禍

1 Marie Brenner, "How Donald Trump and Roy Cohn's Ruthless Symbiosis Changed America," *Vanity Fair*, Aug. 2017.

2 Donald Trump and Bill Zanker, *Think Big* (New York: HarperCollins, 2009), 174–75.

3 Rebecca Savransky, "Graham: 'Financial Contributions Will Stop' if GOP Doesn't Pass Tax

Reform," *Hill*, Nov. 9, 2017; Cristina Marcos, "GOP Lawmaker: Donors Are Pushing Me to Get Tax Reform Done," *Hill*, Nov. 7, 2017.

4 Pynchon, *Gravity's Rainbow*, 676.

5 F. Scott Fitzgerald, *The Great Gatsby* (New York: Oxford University Press, 1998), 142.

6 Sue Halpern, "The Nihilism of Julian Assange," *New York Review of Books*, July 13, 2017; Haroon Siddique, "Press Freedom Group Joins Condemnation of WikiLeaks' War Logs," *Guardian*, Aug. 13, 2010; Matthew Weaver,"Afghanistan War Logs: WikiLeaks Urged to Remove Thousands of Names," *Guardian*, Aug. 10, 2010.

7 Laura Sydell, "We Tracked Down a Fake-News Creator in the Suburbs. Here's What We Learned," *All Tech Considered*, NPR, Nov. 23, 2016.

8 Publius Decius Mus, "The Flight 93 Election," *Claremont Review of Books*, Sept. 5, 2016; Rosie Gray, "The Populist Nationalist on Trump's National Security Council," *Atlantic*, Mar. 24, 2017; Michael Warren, "The Anonymous Pro-Trump 'Decius' Now Works Inside the White House," *Weekly Standard*, Feb. 2, 2017; Gray, "Behind the Internet's Anti-Democracy Movement."

9 Hadley Freeman, "Sandy Hook Father Leonard Pozner on Death Threats: 'I Never Imagined I'd Have to Fight for My Child's Legacy,' "*Guardian*, May 2, 2017; Charles Rabin, "Parkland Students Face New Attack, This Time from the Political Right on Social Media," *Miami Herald*, Feb. 20, 2018.

10 Joseph Goldstein, "Alt-Right Gathering Exults in Trump Election with Nazi-Era Salute," *New York Times*, Nov. 20, 2016.

11 Marwick and Lewis, *Media Manipulation and Disinformation Online*.

12 Ashley Feinberg, "This Is the Daily Stormer's Playbook," *Huffington Post*, Dec. 13, 2017.

13 Amy B Wang, "Trump Retweets Image Depicting 'CNN' Squashed Beneath His Shoe," *Washington Post*, Dec. 24, 2017; twitter.com/realDonaldTrump/status/326970029461614594.

14 Joshua Green, *Devil's Bargain: Steve Bannon, Donald Trump, and the Storming of the Presidency* (New York: Penguin Press, 2017), 139, 147–48.

15 Butler, *Postmodernism*, 35.

16 "A Conversation with David Foster Wallace by Larry McCaffery," *Review of Contemporary*

Fiction 13, no. 2 (Summer 1993); David Foster Wallace, "E Unibus Pluram: Television and U.S. Fiction," *Review of Contemporary Fiction* 13, no. 2 (1993): 151–94.

17 Roger Wolmuth, "David Leisure—a.k.a. Joe Isuzu—Finds That the Road to Success Is Paved with Lies, Lies, Lies!," People, Nov. 10, 1986.

後記

1 Neil Postman, *Amusing Ourselves to Death* (New York: Penguin, 2006), 156, 141.

2 同前，98.

3 同前，xix.

4 同前，16.

5 George Saunders, *The Braindead Megaphone: Essays* (New York: Riverhead Books, 2007), 12, 6, 18.

6 Michiko Kakutani, "Why '1984' Is a 2017 Must-Read," *New York Times*, Jan. 26, 2017.

7 Freedom House, "Freedom in the World 2018," freedomhouse.org.

8 Charles McGrath, "No Longer Writing, Philip Roth Still Has Plenty to Say," *New York*

Times, Jan. 16, 2018.

9 George Washington, "Washington's Farewell Address 1796," avalon.law.yale.edu.

10 Thomas Jefferson, "First Inaugural Address," Mar. 4, 1801, avalon.law.yale.edu.

11 Washington, "Washington's Farewell Address 1796."

12 Jefferson to John Tyler, June 28, 1804, in *The Papers of Thomas Jefferson*, ed. James P. McClure, vol. 43 (Princeton, N.J.: Princeton University Press, 2017), loc. 18630, Kindle. See also Scott Horton, "Jefferson—Pursuit of the Avenues of Truth," *Browsings* (blog), *Harper's*, Aug. 15, 2009.

13 James Madison to W. T. Barry, Aug. 4, 1822, in *The Writings of James Madison*, ed. Gaillard Hunt, 9 vols. (New York: G. P. Putnam's Sons, 1900–1910), vol. 9.

其他參考資料

Arendt, Hannah,《人的條件》（*The Human Condition*）(Chicago: The University of Chicago Press, 1998).（中文版由商周出版）

Avlon, John,《華盛頓的告別》（*Washington's Farewell: The Founding Father's Warning to Future Generations*）(New York: Simon & Schuster, 2017).

Campbell, Jeremy,《騙子的故事》（*The Liar's Tale*）(New York: W. W. Norton, 2002).

Chernow, Ron,《華盛頓傳》（*Washington: A Life*）(New York: Penguin Press, 2010).

Clark, Christopher,《夢遊者》（*The Sleepwalkers: How Europe Went to War in 1914*）(New York: Harper Perennial, 2014).

Confessore, Nicholas, "Cambridge Analytica and臉書: The Scandal and the Fallout So Far," *New York Times*, Apr. 4, 2018.

D'Antonio, Michael,《川普的真相》（*The Truth About Trump*）(New York: Thomas Dunne Books, 2016).

Diepenbrock, George, "Most Partisans Treat Politics Like Sports Rivalries, Study Shows," *Kansas University Today*, Apr. 15, 2015.

Ellis, Joseph J.,《開國元勛》（*Founding Brothers: The Revolutionary Generation*）(New York: Vintage, 2002).

Ellis, Joseph J.,《四重奏》（*The Quartet: Orchestrating the Second American Revolution*）, 1783–1789 (New York: Vintage, 2016).

Frum, David, "How to Build an Autocracy," *Atlantic*, March 2017.

Gray, Rosie, "How 2015 Fueled the Rise of the Freewheeling White Nationalist Alt-Movement," *BuzzFeed*, Dec. 27, 2015.

Halpern, Sue, "How He Used 臉書 to Win," *New York Review of Books*, June 8, 2017.

Hamilton, Alexander, James Madison, and John Jay, *The Federalist Papers* (Dublin, Ohio: Coventry House Publishing, 2015).

Hofstadter, Richard,《美國的反智傳統》（*Anti-intellectualism in American Life*）(New York: Vintage, 1963).（中文版由八旗出版）

Hughes, Robert,《抱怨的文化》（*Culture of Complaint: The Fraying of America*）(New York: Oxford University Press, 1993).

Huxley, Aldous,《美麗新世界》（*Brave New World*）(New York: Harper Perennial, 2006).（中文版由漫遊者文化出版）

Ioffe, Julia, "Why Trump's Attack on the Time Warner Merger Is Dangerous for the Press," *Atlantic*, Nov. 28, 2017.

Johnston, David Cay,《川普的塑造》（*The Making of Donald Trump*）(Brooklyn: Melville House, 2017).

Kahneman, Daniel,《快思慢想》（*Thinking, Fast and Slow*）(New York: Farrar, Straus and Giroux, 2011).（中文版由天下文化出版）

Kaplan, Fred,《林肯傳》（*Lincoln: The Biography of a Writer*）(New York: Harper, 2008).

Kasparov, Garry,《凜冬將至》（*Winter Is Coming*）(New York: PublicAffairs, 2015).

Levi, Primo,《淹沒者與倖存者》（*The Drowned and the Saved*）(New York: Vintage International, 1989).

Luce, Edward,《西方自由主義的退卻》（*The Retreat of Western Liberalism*）(New York: Atlantic Monthly Press, 2017).

McCullough, David,《1776‧美國的誕生》(*1776*) (New York: Simon & Schuster, 2005).(中文版由時報出版)

Murphy, Tim, "How Donald Trump Became Conspiracy Theorist in Chief," *Mother Jones*, Nov./Dec. 2016.

O'Brien, Timothy L.,《川普國度》(*TrumpNation: The Art of Being The Donald*) (New York: Grand Central Publishing, 2007).

Pluckrose, Helen, "How French 'Intellectuals' Ruined the West," *Areo*, Mar. 27, 2017.

Pomerantsev, Peter,《俄羅斯・實境秀》(*Nothing Is True and Everything Is Possible*) (New York: PublicAffairs, 2015).(中文版由聯經出版)

Remnick, David, "A Hundred Days of Trump," *New Yorker*, May 1, 2017.

Ricks, Thomas E.,《慘 敗》(*Fiasco: The American Military Adventure in Iraq*) (New York: Penguin Press, 2006).

Rosenberg, Matthew, and Gabriel J.X. Dance, " 'You Are the Product': Targeted by Cambridge Analytica on 臉書," *New York Times*, Apr. 8, 2018.

Snyder, Timothy,《暴政》(*On Tyranny*) (New York: Tim Duggan Books, 2017).(中文版由聯經出版)

Stanley, Jason,《宣傳如何運作》（*How Propaganda Works*）(Princeton, N.J.: Princeton University Press, 2015).

Timberg, Carl, Karla Adam and Michael Kranish, "Bannon Oversaw Cambridge Analytica's Collection of 臉書 Data, According to Former Employee," *Washington Post*, Mar. 20, 2018.

Wolfe, Tom, ed.,《新新聞》（*The New Journalism*）(New York: Picador Books, 1975).

Wolff, Michael,《烈焰與怒火》（*Fire and Fury: Inside the Trump White House*）(New York: Henry Holt & Co., 2018).

Wood, Gordon S.,《美國革命的激進主義》（*The Radicalism of the American Revolution*）(New York: Vintage, 1993).

Wylie, Christopher, "Why I Broke the 臉書 Data Story—and What Should Happen Now," *Guardian*, Apr. 7, 2018.

Yglesias, Matthew, "American Democracy Is Doomed," *Vox*, Oct. 8, 2015.

國家圖書館出版品預行編目（CIP）資料

大說謊家時代：從漠視真假到真相凋零，《紐約時報》傳奇書評人角谷美智子犀利解讀「川普式」政治話術／角谷美智子著；洪慧芳譯. -- 初版. -- 臺北市：麥田, 城邦文化出版：家庭傳媒城邦分公司發行, 民109.03
面；　公分. --（麥田叢書；101）
譯自：The Death of Truth : Notes on Falsehood in the Age of Trump
ISBN 978-986-344-737-5（平裝）

1.美國政府　2.政治文化　3.輿論

574.52　　109000960

麥田叢書 101

大說謊家時代

從漠視真假到真相凋零，《紐約時報》傳奇書評人角谷美智子犀利解讀「川普式」政治話術

The Death of Truth : Notes on Falsehood in the Age of Trump

作　　者／角谷美智子（Michiko Kakutani）
譯　　者／洪慧芳
責任編輯／江灝
主　　編／林怡君

國際版權／吳玲緯
行　　銷／巫維珍　蘇莞婷　黃俊傑
業　　務／李再星　陳紫晴　陳美燕　馮逸華
編輯總監／劉麗真
總 經 理／陳逸瑛
發 行 人／凃玉雲
出　　版／麥田出版
10483臺北市民生東路二段141號5樓
電話：(886)2-2500-7696　傳真：(886)2-2500-1967
發　　行／英屬蓋曼群島商家庭傳媒股份有限公司城邦分公司
10483臺北市民生東路二段141號11樓
客服服務專線：(886) 2-2500-7718、2500-7719
24小時傳真服務：(886) 2-2500-1990、2500-1991
服務時間：週一至週五 09:30-12:00・13:30-17:00
郵撥帳號：19863813　戶名：書虫股份有限公司
讀者服務信箱E-mail：service@readingclub.com.tw
麥田網址／https://www.facebook.com/RyeField.Cite/
香港發行所／城邦（香港）出版集團有限公司
香港灣仔駱克道193號東超商業中心1/F
電話：(852)2508-6231　傳真：(852)2578-9337
馬新發行所／城邦（馬新）出版集團 Cite (M) Sdn Bhd.
41-3, Jalan Radin Anum, Bandar Baru Sri Petaling, 57000 Kuala Lumpur, Malaysia.
電話：(603)9056-3833　傳真：(603)9057-6622
讀者服務信箱：services@cite.my

封面設計／廖勁智
印　　刷／前進彩藝有限公司

■2020年3月　初版一刷　　Printed in Taiwan.

定價：350元

ISBN 978-986-344-737-5